S0-EAU-844

LAS GRANDES CIVILIZACIONES

LOS AZTECAS

LAS GRANDES CIVILIZACIONES
LOS AZTECAS

Ediciones Viman, S.A. de C.V.
Cosechadores #13, Col. Los Cipreses
09810, D.F.

1a. edición, julio 2006.
2a. edición, septiembre 2007.

© *Los aztecas*

© 2006, Ediciones Viman, S.A. de C.V.
Cosechadores #13, Col. Los Cipreses
09810, D.F.
Tel. 20 65 33 94
ISBN: 968-9120-31-X
Miembro de la Cámara Nacional
de la Industria Editorial No 3427

Proyecto: Sandra E. Garibay Laurent
Diseño de portada: Emigdio Guevara
Formación tipográfica: Sandra E. Garibay Laurent
Supervisor de producción: Leonardo Figueroa

Todos los derechos reservados conforme a la ley.
Ninguna parte de esta publicación podrá ser reproducida o
transmitida, total o parcialmente, en cualquier forma,
o por cualquier medio electrónico o mecánico, incluyendo
fotocopiado, cassette, etc., sin autorización por
escrito del editor titular del Copyright.

Impreso en México - *Printed in Mexico*

🐾 INTRODUCCIÓN 🐾

Con una organización militar y social envidiable, los aztecas fueron una gran cultura cuyo poder y misticismo marcaron su destino, logrando en tan solo 200 años lo que a otras civilizaciones les tomó miles de años alcanzar.

Hoy en día, los aztecas nos presentan todavía muchos enigmas sin resolver: su origen y el mítico viaje desde Aztlán; el cómo lograron transformarse en tan poco tiempo de un pueblo errante y humillado, en un pueblo floreciente con avanzados conocimientos en arquitectura, matemáticas, astrología y otras ciencias; y tal vez uno de los más grandes misterios que durante tantos años han llamado poderosamente la atención de estudiosos e historiadores, ¿cómo fue posible que Hernán Cortés con tan sólo 400 hombres lograra conquistar una ciudad con las dimensiones que según se cuenta tenía Tenochtitlán en aquél entonces? (200 mil habitantes). Claro está que contribuyeron al resultado final las alianzas que logró establecer el conquistador español con aquellos pueblos cansados de la opresión azteca. También debemos admitir que Cortés fue un gran estratega y que logró obtener una visión completa del panorama sociopolítico del momento, resolviendo los problemas de lenguaje y cultura que enfrentaron los conquistadores.

Al entrar Cortés con su regimiento en el actual Valle de México, en 1519, los españoles pudieron observar el magnífico paisaje que rodeaba a la majestuosa ciudad de

Tenochtitlán; los europeos no podían creer lo que sus ojos veían, pues parecía que la capital azteca estaba hecha de plata porque brillaba; desde luego no era plata lo que daba ese brillo a la ciudad sino que sus casas, palacios y pirámides estaban pintadas de blanco y resplandecían con la luz del sol. La ciudad era tres veces más grande que Londres en ese tiempo, pero mucho mejor organizada y distribuida, las calles eran amplias y bien trazadas, contaban con un sistema de drenaje y había una persona dedicada a supervisar el nivel del agua del lago sobre el que estaba asentada la ciudad.

Bernal Díaz del Castillo en su obra *Historia verdadera de la conquista de la Nueva España* escribió:

Desde que vimos cosas tan admirables, no sabíamos que decir, o si era verdad lo que por delante parecía, que por una parte en tierra había grandes ciudades, y en la laguna otras muchas, y veíamoslo todo lleno de canoas y en la calzada muchos puentes de trecho a trecho, y por delante estaba la gran ciudad de México...

Poseían una avanzada escritura por medio de ideogramas y se requería de un estudio profundo para lograr su dominio. Su conocimiento en aritmética y matemáticas era evidente. Su lengua, el *náhuatl* constaba de unas 36 mil palabras, casi las mismas que el idioma inglés de aquel tiempo. Su base alimenticia estaba formada de maíz, cacao, chocolate, tomates, jitomates, cacahuates, guajolote, aguacate y nopal; también conocían el chicle, el tabaco, la vainilla, el pulque, y el mezcal. Todos estos productos fueron llevados al viejo continente como una aportación azteca al mundo.

Sus magníficos templos y demás edificaciones son dignos de admiración, las pirámides estaban orientadas con una de sus caras hacia el norte, al igual que las de Teotihuacán y Egipto. Se dice que tenían una simetría tan perfecta, que cuando hablaba el *tlatoani* (emperador) se escuchaba perfectamente en toda la explanada. Contaban con una avanzada legislación y altos valores morales. En lo referente a las artes, progresaron a pasos agigantados, como podemos observar en sus magníficas esculturas.

En cuanto a sus conocimientos astronómicos, conocían el movimiento de los astros y predijeron varios eclipses; su famoso calendario era más exacto que el europeo. Eran maestros de la herbolaria y lograban hacer mezclas muy efectivas contra las enfermedades comunes de la época.

Al no conocer la pólvora y por lo tanto las armas de fuego, se encontraron en desventaja frente a los conquistadores españoles, pero el ingenio y habilidad de los aztecas los llevaron a crear el *macahuitl*, el cual consistía de un palo con incrustaciones de obsidiana, que según se dice, era capaz de decapitar de un solo y certero golpe a un caballo.

El mito de Quetzalcóatl fue tomado por los aztecas al igual que lo hicieron muchas culturas de Mesoamérica; esperaban su regreso tal como lo había profetizado para el año 1519, año de la llegada de los españoles, razón por la cual los aztecas lo vincularon con Hernán Cortés provocándose una de las más grandes y extrañas coincidencias de la Historia.

La historia de la civilización azteca es digna de un estudio profundo, la intención del presente libro es resaltar aquellos hechos y características que los distinguieron, ya que gracias a eso se han ganado un lugar entre las culturas antiguas más importantes del mundo.

¿CÓMO SE LLAMABAN LOS AZTECAS?

Antes de empezar es conveniente aclarar tanto el origen como la aplicación de los diversos nombres (aztecas, tenochcas, mexicas, tlatelolcas, nahuas) con los que la mayor parte de las veces de manera indistinta se hace referencia a los "aztecas".

AZTECA

El nombre "azteca" no es realmente indígena aunque tiene una base cultural. Fue primero propuesto por un europeo, el explorador naturalista Alexander von Humboldt, y después publicado por William H. Prescott en una extraordinario libro en 1843 *The History of the Conquest of Mexico*. El azteca es realmente un epónimo derivado de Aztlán, que significa "Lugar de la garza blanca", una tierra legendaria de siete tribus del desierto, llamados Chichimecos, que surgieron milagrosamente de una cueva localizada en el corazón de una montaña sagrada lejos del norte del Valle de México.

MEXICA

Tanto los tenochcas como los tlatelolcas eran nahuas (hablaban el náhuatl) y compartían un origen común, por lo que se consideraban un solo pueblo y se hacían llamar así mismos mexícatl (mexica) o mexicah (en plural), ambos nombres náhuas. Fueron los cronistas españoles del siglo

XVI quienes tomaron este término y lo transformaron en mexicanos, actual gentilicio de nuestra gente.

NAHUA O NAHOA

Son los pertenecientes a los grupos y etnias que hablaban la lengua nahua o náhuatl. En este término entran muchos grupos étnicos como son los nahuas de Guerrero, los nahuas del señorío de Tlaxcala, los nahuas de Texcoco, los nahuas de Tenochtitlán, los Xochimilcas etc., todos los grupos compartían el mismo lenguaje y los conocemos como parte de la cultura nahua, existían muchos nahuas en Mesoamérica, no sólo los habitantes del Valle de México.

TLATELOLCA

Los tlatelolcas eran los habitantes del barrio de Tlatelolco, un islote contiguo a Tenochtitlán, donde se encontraba el mayor mercado de Mesoamérica.

TENOCHCA

Los tenochcas eran los habitantes de Tenochtitlán, el actual Centro Histórico de la Ciudad de México, reciben este nombre por su caudillo Tenoch, quien lleva a su pueblo a fundar la ciudad cuando recibe una señal de su dios Huitzilopochtli.

LA LEYENDA DE LOS SOLES

Desde el año 3252 a.c., los ciclos de 1040 años concuerdan con la *Leyenda de los soles*, tal como se observa en la estela de Tenango, la cual muestra una división en periodos o soles y en cada uno se origina una nueva humanidad y al finalizar se destruye.

Distintas culturas presentan dicha leyenda, pero cada una tiene diferencias en el tiempo. El orden de los soles corresponde a Fernando de Alva Ixtlilxóchitl en su *Historia de la Nación Chichimeca* ya que su duración coincide con los ciclos de 1040 años, exceptuando el segundo y tercero que entre ambos forman un solo ciclo.

La descripción de los soles se encuentra en el monolito de Tenango, en la piedra de los soles y en el calendario Azteca. La leyenda de los soles, también aparece en los *Anales de Cuautitlán*, y en el *Códice Chimalpopoca*.

Cada periodo que se describe tiene algunas señales de sucesos ocurridos, en otros casos parecieran sólo partes de mitos.

La leyenda cuenta que en un principio no había nada, sólo el dios eterno Ometecuhtli "Señor de la Dualidad", autocreado, que también se presentaba en sus aspectos masculino y femenino como Ometeotl y Omecihuatl. Asimismo, eran conocidos como Tonacatecuhtli y Tonacacihuatl (señor y señora de nuestro cuerpo o de subsistencia). Eran representados como cielo y fuego y tierra y agua.

Ometecuhtli y Omecihuatl poniendo el alma humana dentro
de un cráneo aún sin vida (Códice Fejerwary-Mayer).

Ometecuhtli y Omecihuatl, se unieron y conformaron
"El Principio Supremo Generador": Teotl. El espacio se
fue llenando de materia y Teotl genera a sus cuatro primeros hijos. Los hijos de esta pareja cósmica fueron los
cuatro Tezcatlipocas:

El primero nació rojo y sin piel que cubriera su cuerpo,
lo llamaron Xipe-Tótec "Nuestro señor el desollado", se
asociaba con el este.

El segundo nació negro, con garras y colmillos de jaguar, lo llamaron Tezcatlipoca "Espejo negro que humea",
se asociaba con el norte.

El tercero nació blanco, con cabello rubio y ojos azu-
les, lo llamaron Quetzalcóatl "Serpiente emplumada", se
asociaba con el oeste.

El cuarto nació azul, con la mitad de su cuerpo des-
carnada, lo llamaron Huitzilopochtli "Colibrí zurdo" se
asociaba con el sur.

Al paso del tiempo los cuatro hermanos se reunieron
para hablar de lo que harían y después de mucho deliberar, acordaron crear una obra que los venerase y dignificase

como dioses. Huitzilopochtli con su gran poder hizo una gran hoguera alrededor de la cual se sentaron para realizar su obra.

Xipe-Tótec   Tezcatlipoca   Quetzalcóatl   Huitzilopochtli

Crearon al hombre y lo pusieron en la Tierra y lo llamaron *huehuecoyotl*, luego crearon a su mujer, y a los dos los llamaron *macehualtin*, y les ordenaron tener hijos que les rindieran honores como dioses. Crearon los mares y los lagos, también las montañas, y pusieron en ellas animales para que el hombre los cazara y se alimentara de su carne. Al final, su obra estaba completa, sin embargo, había tinieblas en el *Tlaltipac* (la Tierra), nunca era de día puesto que no había sol.

EL PRIMER SOL

Quetzalcóatl tomó la hoguera y la convirtió en un inservible medio sol, enojado Tezcatlipoca absorbió para sí ese medio sol y se convirtió en un sol completo, siendo muy cálido e inclemente, que impedía que la vida creciera en la tierra, ya que marchitaba inmediatamente cualquier sembradío. Los gigantes que habitaban en esta época, llamados *tzocuiliceque*, se alimentaban de *chicome malinalli*.

La maldad del sol Tezcatlipoca duró hasta que fue derribado de un bastonazo por el indignado Quetzalcóatl en un día *nahui-ocelotl*. Tezcatlipoca cayó en el fondo de un lago y emergió convertido en un jaguar, el cual seguido de todo un ejercito de estos animales, devoró a los gigantes en trece años; hasta que perecieron y se acabaron. Este sol fue llamado *tlaltipactonatiuh* "sol de tierra". Empezó en el año 1-Caña y terminó en el 4-Jaguar, y duró 676 *xiuhmolpillis* (años).

EL SEGUNDO SOL

Al haber derribado a su hermano, Quetzalcóatl se materializó en el Sol, pero fue mas benévolo con la vida, permitiendo que las cosechas se dieran en abundancia y que los hombres fueran felices. Los hombres de esta época se alimentaban de frutas silvestres llamadas *acotzintli*.

Todo era idílico hasta que en un día *nahui-ehecatl* el jaguar-Tezcatlipoca subió a los cielos y derribó a su hermano de un zarpazo. En su caída, Quetzalcóatl provocó un gigantesco y monstruoso vendaval que desgarraba los cerros y destruía todo a su paso. Los hombres tenían que caminar encorvados, aferrándose a lo que podían y por esta razón se convirtieron en monos, que se alimentaban de *matlactlomome cohuatl* (culebras). Sólo sobrevivió una pareja, que se refugió en un gran bosque cercano. El segundo Sol duró 364 *xiuhmolpillis*, desapareció en un año 4-Viento y fue llamado *ehecatonatiuh* "sol de viento".

EL TERCER SOL

Llegó el turno de Tláloc de hacerse sol y tomar el lugar de Quetzalcóatl. Los descendientes de la pareja de sobrevivientes poblaban la Tierra, y se alimentaban de *atzinzintli* o maíz de agua.

Pero la gente de esta era se corrompió, desatendían los preceptos morales que los dioses les habían inculcado y se dedicaban a los placeres malsanos, al robo y al homicidio. la Tierra se convirtió en poco tiempo en un vasto terreno.

Cansado de tanta podredumbre, Quetzalcóatl le ordenó a Xiuhtecuhtli, dios del fuego, que destruyera a la humanidad. Este dios emergió de un gigantesco volcán en un día *nahui-quiahuitl*, comenzó a llover fuego del cielo, y los hombres atemorizados le rogaron a los dioses que los convirtieran en aves para escapar del holocausto. Ante esta petición, los conmovidos dioses convirtieron a unos en pájaros y a otros en guajolotes. Por consejo de Xiuhtecuhtli, sólo sobrevivió una pareja, que se refugió en una cueva muy alta, y que llevaba una mata de maíz y el fuego sagrado.

El tercer Sol desapareció en un año 4-Lluvia de fuego, duró 312 *xiuhmolpillis* y fue llamado *xiuhtonatiuh*.

EL CUARTO SOL

Por ordenes de Huitzilopochtli, Chalchuiuhcueye, "la de las faldas de esmeralda", se corporeizó en el Sol. Los hombres poblaron nuevamente la Tierra, pero esta vez, bajo la tutela de *nene* y *tata*, los sobrevivientes de la pasada destrucción. Los hombres siguieron la conducta que les dictaron los dioses, alimentándose de *nahui-xochitl* "cuatro flor".

Tezcatlipoca no estaba complacido con toda esa bonanza y corrompe a Chalchiuhcueye, y la obliga a destruir por cuarta ocasión a la humanidad. La diosa aparece en la cima del cerro llamado *atepetl*, en un día *nahui-atl*, y al momento de encajar su cayado en la tierra, comienza a llover a cantaros.

Por todo un ciclo (52 años) llovió en el *tlaltipac*, conmovidos de la desgracia humana, los dioses decidieron convertirlos en peces. El cuarto Sol desapareció en un año 4-Agua, duró 676 *xiuhmolpillis*, y fue llamado *atonatiuh* "sol de agua".

Llovió tanto, que al final los cielos perdieron el equilibrio y se derrumbaron sobre el *tlaltipac*. Avergonzados por su conducta, los dioses decidieron reparar su error y en un año *ce-tochtli* se reunieron en Teotihuacán para deliberar acerca de lo que iban a hacer.

Entonces, los cuatro hermanos crearon a cuatro hombres: Atemoc, Itzacoatl, Itzmaliza y Tenoch; luego entraron en la tierra y emergieron en los cuatro puntos cardinales, cada uno convertido en un frondoso árbol. Levantaron los trece cielos y los colocaron en la forma en que ahora los conocemos, pusieron las estrellas en su lugar y reconstruyeron los nueve estratos del Mictlán (el inframundo).

Al final, los cuatro hombres se convirtieron en cuatro aves preciosas. Todo quedó ordenado, pero no había hombres sobre la Tierra, así que decidieron crear la versión definitiva de la humanidad, y a falta de materia prima, decidieron bajar a Mictlán, para recoger algún hueso de los antiguos gigantes y con eso hacer a los nuevos hombres.

Ninguno de los dioses quería bajar a Mictlán, Tezcatlipoca era el idóneo por reinar en la oscuridad, pero no quiso molestarse en ello; Huitzilopochtli por su parte, consideraba que aquello no era una tarea digna de un guerrero como él; Xipe-Tótec, consideraba que la materia descompuesta no sería buena materia prima; al final, Quetzalcóatl se ofreció para la terrible tarea, uno por uno fue sorteando los nueve vados del inframundo, hasta que llegó frente a la presencia de Mictlantecuhtli y lo convenció de que le diera uno de los huesos que hubiera pertenecido a los antiguos gigantes.

El dios de los muertos se condolió de Quetzalcóatl y le regaló uno de sus huesos favoritos, pero cuando el dios iba a medio camino de regreso, Mictlantecuhtli se arrepintió y lo comenzó a perseguir, mostrándole sus terribles fauces, mientras le ordenaba que le regresara su hueso.

En su huida, Quetzalcóatl cayó y el hueso se partió por la mitad, el dios del viento sólo pudo recoger una parte y salió huyendo. Quetzalcóatl moldeó la figura humana con la mitad del hueso, es por eso que ahora tenemos la mitad de estatura que los antiguos gigantes.

Xipe-Tótec le infundió vida al nuevo hombre y lo llamó *huehuecoyotl*, "coyote viejo". Por último, faltaba el alimento de los seres humanos del nuevo Sol. De modo que los dioses decidieron que nuevamente Tezcatlipoca Blanco-Quetzalcóatl, ahora convertido en una hormiga, localizara el Monte del Sustento llamado en náhuatl Tonacaltepetl y que trajera el maíz y las semillas para la nueva alimentación de los seres humanos.

EL QUINTO SOL

Las tinieblas reinaban aún en el mundo, así que los cuatro hermanos reunieron a los demás dioses en Teotihuacán, y una vez ahí, decidieron hacer un nuevo y definitivo sol, uno que fuera eterno, así que necesitarían de dos de ellos, uno para que fuera sol y otro para que fuera luna. Un altivo dios llamado Tecucciztecatl "el del caracol marino", se ofreció como voluntario para la primer encomienda: Yo seré su sol —dijo orgulloso—, puesto que soy lo suficientemente poderoso para esta noble tarea.

—Así sea Tecucciztecatl, tú serás el sol, ¿pero quién será la luna? —preguntó Quetzalcóatl—. Los demás dioses se miraron, puesto que nadie quería esa oscura tarea. Al final, todos voltearon a ver a Nanahuatzin, "el bubosillo", un dios que tenía el cuerpo cubierto de bubas y llagas, pero el corazón de oro y como nadie quería tenerlo cerca, todos le obligaron a ser la luna —si esa es la voluntad de mis hermanos, sea pues, yo seré su luna— les dijo el pequeño dios.

Dicho esto, los dioses construyeron dos grandes adoratorios, uno junto al otro, el más grande y suntuoso para Tecucciztecatl y el más pequeño para Nanahuatzin. Cada uno se sentó arriba de su pirámide y estuvo ahí sin comer ni dormir para purificar su cuerpo divino.

Tecucciztecatl ofreció en el *tonatiuh itzacual* (pirámide del sol), *manquetzalli* "plumas finas", pelotas de oro, espinas rojas de coral precioso y copal muy bueno; el dios se vistió con sus mejores adornos, un hermoso lienzo cubría su cuerpo y el *aztacomitl*, bello plumaje decoraba su cabeza.

Nanahuatzin no pudo regalar nada tan hermoso, en cambio, ofreció en el *meztli itzacual* (pirámide de la luna), cañas verdes atadas de tres en tres hasta formar nueve hatos, bolas de heno, espinas de maguey teñidas con su sangre y sus pústulas; para la ocasión vistió un *amatzontli*, "tocado de papel amate" y un *maxtli*, "taparrabo" y estola del mismo material.

Durante un lapso de trece días los dos dioses hicieron penitencia y ayunaron, preparando sus cuerpos y almas para la dura tarea que les esperaba. Al termino del plazo, los cuatro dioses creadores hicieron una gran hoguera en la calzada de los muertos, cuyas flamas eran tan grandes que alcanzaban el cielo mismo.

—¡Tecucciztecatl, ¡brinca tú primero para que nazca el nuevo sol! —ordenaron los dioses—. Tecucciztecatl hizo un intento por arrojarse al fuego, pero las llamas lo intimidaron y retrocedió temeroso, cuatro fueron en total los intentos de este dios por arrojarse a las llamas y en los cuatro retrocedió presa del pánico.

—¡Prueba tú ahora Nanahuatzin, y que tu intento fructifique! —dijo Huitzilopochtli al pequeño y enfermo dios—. ¡Sea pues su voluntad hermanos míos! —fue lo único que dijo el bubosillo, porque inmediatamente después se arrojó de cabeza al fuego—. Tecucciztecatl, avergonzado de la valerosa acción de ese insignificante dios, se arrojo después de él al fuego. Detrás de ellos se arrojaron un águila y un jaguar. Desde entonces esos animales tienen manchas negras en las plumas y en la piel.

Por otros trece días esperaron los dioses a que el sol saliera por el horizonte pero no sucedió nada, al amanecer del día catorce, un águila salió de la hoguera llevando un enorme globo luminoso en el pico, el resplandor que éste emitía era suficiente para iluminar todo el *tlaltipac*, y su calor era benéfico.

No alcanzaban los dioses a reponerse de su asombro cuando emergió de la hoguera un ocelote llevando entre sus garras otro globo igual de luminoso que el primero. Quetzalcóatl pensó que no era bueno que hubiese dos soles, y menos aún cuando Tecucciztecatl se había mostrado tan cobarde. Encolerizado, tomó de las orejas a un conejo que pasaba por ahí y lo arrojó con toda su fuerza contra el segundo globo luminoso, el cual, al recibir el impacto, se opacó y redujo su tamaño, quedando el cuerpo del conejo plasmado para siempre en su rostro.

Sin embargo, los dos cuerpos celestes, Sol y Luna permanecían inmóviles en el firmamento, nuevamente Quetzalcóatl hizo uso de su grandioso poder y, convocando a los vientos les dio movimiento, separándolos para que nunca coincidieran el uno con el otro. Como esto no era suficiente para que el Sol siguiera su curso eterno, exigió que lo alimentaran con *chalchiuitl* "sangre", y los dioses decidieron convertirse en su primer alimento.

Ehecatl, dios del viento, fue el encargado de sacrificar a los dioses, uno por uno fueron cayendo inertes ante su cuchillo de obsidiana. Xolotl, hermano gemelo de Quetzalcóatl, se negó a morir y huyó, logró esconderse entre los maizales y se convirtió en mata de maíz que tiene dos cañas; acosado nuevamente, huye y se transforma en maguey de dos cuerpos y por eso se le llama Mexolotl.

Ehecatl lo descubre nuevamente y se mete al agua transformándose en el pez monstruoso axolotl (ajolote), ahí lo atrapa y le da muerte.

Cuando todos los dioses hubieron muerto, Tonatiuh "el Sol", comenzó su interminable camino por el firmamento, pero dejó la advertencia a los pobladores del *tlaltipac*, que necesitaría sangre para poder vivir. Es por eso, que el pueblo mexica, heredero directo del poder de Huitzilopochti, realizaría masivos sacrificios humanos al Sol para que siempre tuviera la fuerza suficiente para cruzar los cielos y cumplir con su tarea de dar la vida al *tlaltipac*.

Las divinidades se tuvieron que sacrificar para que los seres humanos pudieran vivir. Razón por la cual, el nombre que le dieron al pueblo fue el de *macehualli* o *macehual*, que significa en náhuatl "Merecido del sacrificio de los dioses".

En la era del quinto Sol se logró el equilibrio cósmico, gracias a que no predominaba ya una sola fuerza. Esta era pudiera terminarse debido a grandes terremotos, pues ese es su nombre. Acabará en un año *nahui-ollin* (4-Movimiento), pero no sabemos cuánto durará, porque aún vivimos en ella.

🐾 LA PEREGRINACIÓN 🐾 AZTECA

Diversas teorías han tratado de explicar el origen de la migración azteca hacia el centro de México. Sin embargo, hay varias que apuntan hacia la desigualdad sufrida por el pueblo mexica, por parte de un grupo en el poder. Recordemos que los aztecas, formaban parte de las llamadas tribus chichimecas (bárbaros), nombre despectivo que los habitantes de Mesoamérica daban a los habitantes de Aridoamérica, por ser menos desarrollados. Las migraciones referidas anteriormente, pudieron haber comenzado debido a la caída del otrora todopoderoso imperio tolteca.

Los toltecas durante largo tiempo representaron la frontera norteña de Mesoamérica, pero después de su caída, alrededor de la segunda mitad del siglo XII, su territorio fue ocupado por tribus chichimecas, incluidas en ellas, la tribu mexica.

Los toltecas influyeron de una manera más directa en la particular migración azteca. Según algunos registros, en Aztlán existían dos tipos de clases sociales: los denominados "aztecas", y los "mexicas" o "mexitin". Los primeros eran de origen tolteca, y gobernaban a los segundos, quienes tenían que pagar tributo.

El *Códice Boturini*, conocido popularmente como *La Tira de la Peregrinación* da cuenta de la migración azteca, está escrito en papel amate y mide 5.49 metros de largo.

CHICOMOZTOC

Los aztecas, formaban parte de un grupo de tribus "nahuas", que conformaban una nación hacía bastante tiempo. Cada una de las tribus emprendió una peregrinación en distintas etapas históricas, siendo los aztecas los últimos en emprender el viaje.

La Historia Tolteca-Chichimeca enmarca Chicomoztoc, o "las siete cuevas" de Aztlán como el lugar del cual surgieron las primeras tribus que emigraron hacia la parte central de México. Según la leyenda, cumplidos 130 años después del la creación del quinto Sol, ocho tribus salieron de Chicomoztoc: la Matlatzinca, la Tepaneca, la Chichimeca, la Malinalca, la Colhuaca, la Xochimilca, la Chalca y la Huexotzinca.

Representación de Chicomoztoc

La palabra *Chicomoztoc* (lugar de las siete cuevas), proviene de *chicome* "siete" y *oztotl* "cueva".

Las tribus mencionadas probablemente fueron grupos étnicos, no necesariamente "tribus", y tal vez no vivían en cuevas. Pudiera ser que el "lugar de las siete cuevas" fuera un punto de encuentro donde estos grupos realizaban ceremonias importantes.

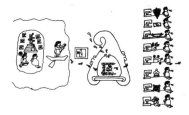

Salida de las 8 tribus, *Códice Boturini*

AZTLÁN

Aztlán, que quiere decir "lugar de las garzas", es el lugar mítico desde donde los mexicas iniciaron su peregrinación en busca de la señal recibida de su dios, para en ese sitio fundar una ciudad y establecerse permanentemente. La localización de Aztlán se desconoce, sólo se sabe que dicho lugar quedaba al norte de Mesoamérica. Según algunos, Aztlán era una isla situada en una laguna, en la que vivían los mexicas, los *atlacachichimecas*, como se llamaban entonces. Eran tributarios de los Aztlánecos, señores de la tierra. Para subsistir y pagar sus tributos pescaban, cazaban y recolectaban especies vegetales y animales del lago, también eran agricultores, sembraban en "chinampas" que construían en la isla. Cuando ya no soportaron las cargas tributarias que los otros les imponían, decidieron abandonar Aztlán e ir en busca de otra tierra que, según ellos mismos, les había sido prometida.

Tezozómoc, en su crónica *Mexicáyotl*, dice que los mexicas radicaban en la ciudad de Aztlán-Aztatlán (asiento de las garzas, razón del nombre). Aztatlán, a su vez, es llamado Aztlán en la parte del Lienzo de Tlaxcala que representa la marcha de Nuño de Guzmán.

De acuerdo con el *Libro Segundo* de la *Crónica Miscelánea* de Fray Antonio Tello, basado en una tradición del cacique Pantécatl, los Mexicas salieron de Aztlán-Aztatlán (lugar de garzas, lugar de la blacura o lugar del amanecer).

Su posible ubicación geográfica ha sido señalada en una gran diversidad de regiones, para algunos estuvo en el Valle de México, para otros en el Bajío, se ha ubicado en el lago de Chapala, también en Baja California debido a que se encontraba rodeada de agua por tres lados, además de que en algunas cuevas se hallaron pinturas rupestres, representando origen y conceptos religiosos, sin embargo no se han podido precisar las fechas, por lo cual no se puede confirmar la teoría. Otros lugares hipotéticos han sido señalados incluso en lo que es hoy territorio de Estados Unidos. Algunos historiadores también afirman que Aztlán nunca existió.

Diversos estudiosos mencionan una relación estrecha con la población nayarita de Mezcaltitán, dicen que fue ahí donde se posó por primera vez el águila sobre el nopal. Tal fue la especulación desde 1960, que los pobladores del lugar creen que Mezcaltitán es la patria original de los aztecas. Hace tiempo, de hecho, se modificó el escudo del estado, para lo cual se retomaron pasajes del *Códice Boturini*, describiendo la partida de los aztecas. Aunque dicha suposición Aztlán-Mezcaltitán, jamás ha sido confirmada.

Otra teoría, habla acerca de un Aztlán que junto a Jalisco, Colima y Tonalá formaba parte de la Confederación Chimalhuacana.

La siguiente es una fábula que explica porqué los aztecas abandonaron Aztlán:

"Se dice que un pájaro que cantaba, emitía un chillido que según *tihui* quería decir 'ya vámonos'. Como esta repetición persistió durante muchos días uno de los sabios de linaje y familia, llamado Huitziton, reparó en ello, y considerando el caso quiso aprovecharse de esto para fundar su ciudad, diciendo que aquella ave era una deidad y que ése era su mensaje. Se hizo de un compañero y ayudante para compartir sus intenciones, llamado Tecpatzin, diciéndole: '¿No advertiste aquí lo que el ave nos dice?' Al convencerlo del mensaje sagrado, los dos juntos lo dieron a entender al pueblo, dejando así Aztlán".

Independientemente de la ubicación real de Aztlán y de si en realidad existió, la leyenda dice que los aztecas partieron de Aztlán, para reunirse con las demás tribus salidas de Chicomoztoc, en Culhuacan, lugar donde recibieron por dios a Huitzilopochtli, quien les hablaba para darles buenos consejos. Iniciaron su peregrinaje en el año *ce técpatl* (1111 d.C.)

RUMBO AL VALLE DE MÉXICO

La peregrinación azteca podría ser fácilmente dividida en dos partes: antes y después de su entrada al valle de México. Es precisamente la segunda etapa, la más interesante y en la que suceden los hechos de mayor importancia.

Cuatro personas guiaban al pueblo: Quauhcóatl, Apanécatl, Tezcacoácatl y Chimalma (ésta última, una mujer) los cuales llevaban a cuestas al recién adquirido numen. Se desplazaron hacia el sur, por el bajío, se dedicaban a la caza y la agricultura, y en cada lugar donde establecían momentáneamente, construían un altar para adorar a su dios. Permanecían un año o más en un lugar determinado, mientras los exploradores buscaban nuevas tierras donde asentarse.

Los cuatro guías de la peregrinación, *Códice Boturini*

Los aztecas, fueron los últimos en llegar al valle de México, antes pasaron por numerosos lugares, entre ellos Michoacán, Jalisco, Coatepec, Tula, Zumpango, Xaltocan, Ecatepec. Al llegar fueron mal recibidos y vagaron durante años sin poder establecerse. Buscaron refugio en el señorío de Azcapotzalco, y con la autorización de éstos se establecieron en Chapultepec.

En este lugar fue sacrificado el hijo de una mujer (tenochca) que los chichimecas habían raptado y llevado a *Mechuacan* (Michoacán). Huitzilopochtli se les apareció a los aztecas, y les dijo que enterraran el corazón del sacrificado en un sitio que se llamó *Tenuchtitlan*, que ese lugar habría de ser su morada, y que allí estaría él; lugar donde posteriormente fue fundado México-Tenochtitlan. Durante la estancia azteca en Chapultepec, Huitzilíhuitl fue nombrado capitán y caudillo de la tribu.

De Chapultepec, los azteca fueron arrojados por los pueblos vecinos: colhua, tepaneca, xochimilca, según parece, porque los mexicas salieron a buscar prisioneros para sacrificarlos a su dios con motivo de la fiesta del fuego nuevo.

Tras la derrota azteca, los señoríos aliados: Culhuacan, Azcapotzalco y Xaltocan, tomaron sus propios cautivos y correspondió a los de Culhuacan quedarse con la mayor parte de la tribu azteca, la que fue sujeta a servidumbre.

Los aztecas solicitaron del señor de Culhuacan un lugar donde asentarse por orden de su dios Huitzilopochtli, sin importar que éste fuera bueno o malo.

Con el aparente favor del señor de Culhuacan, quien consultó con el consejo, el que le era adverso a los solicitantes, los aztecas pudieron establecerse en Tizapán.

Tizapán significa "lugar de las víboras venenosas" y según la leyenda, el señor de Culhuacan, otorgó a los aztecas dicho lugar con la intención de que éstos fueran exterminados por las serpientes.

Huitzilopochtli, siempre atento a las necesidades de su pueblo, les enseñó como cazarlas y domesticarlas con el fin de que les sirviera de alimento.

Para obtener su libertad y al ser tributarios del señor de Culhuacan, los azteca lucharon contra los xochimilcas de quienes entregaron, en señal de victoria y valor, costales cuyo contenido eran las orejas de los prisioneros.

Los aztecas solicitaron al señor de Culhuacan les cediera a su hija para convertirla en diosa, a lo que accedió convencido de que su hija sería objeto de veneración con las correspondientes ceremonias rituales.

Siguiendo las órdenes de su dios Huitzilopochtli, la doncella fue sacrificada y su piel y ropajes fueron el atuendo de uno de los sacerdotes.

El señor de Culhuacan fue invitado para asistir a la ceremonia de entronización a diosa de su hija, pero al darse cuenta de la realidad mandó a sus guerreros contra los aztecas.

Los azteca lograron huir rumbo a Iztapalapa para continuar su marcha y refugiarse en un islote al occidente del lago de Texcoco.

Según la leyenda, los aztecas encontrarían en ese islote, la señal prometida por su dios. De acuerdo con algunos autores, la peregrinación azteca tuvo una duración aproximada de 302 años.

FORMACIÓN DEL IMPERIO AZTECA

Para valorar lo que significó el asentamiento definitivo del pueblo de Huitzilopochtli en el islote de Tenochtitlan, es necesario conocer más detalladamente cuál era la situación prevaleciente en aquellos tiempos en el valle de México. Desde años atrás, varios reinos y señoríos ocupaban las riberas de los lagos y las regiones vecinas. Tres eran los reinos que sobresalían por encima de los otros: Azcapotzalco, Culhuacán y Coatlichan.

SITUACIÓN POLÍTICA EN EL VALLE DE MÉXICO

El reino de Azcapotzalco, situado al noroeste de Tenochtitlan, estuvo gobernado por el señor de estirpe tecpaneca Acolnahuacatzin (1304-1363), quien inició el periodo de expansión de su reino e incluyó en sus dominios buena parte de los lagos y los islotes de Tenochtitlan y Tlatelolco. Los tecpanecas de Azcapotzalco, al tiempo del asentamiento de los mexicas, habían demostrado una gran capacidad de organización política, militar y económica, lo cual les permitió alcanzar muy pronto la hegemonía entre los pobladores del altiplano central.

Glifo de Azcapotzalco

Al sur de los dominios de Azcapotzalco, en un territorio bien conocido por los mexicas, ya que en él habían vivido hasta su posterior establecimiento en Tenochtitlan, se encontraba el antiguo reino de Culhuacán. Sus gobernantes, de origen tolteca, habían preservado la herencia cultural proveniente de Tula. El señor Coxcoxtli, *huey tlatoani* o jefe supremo de Culhuacán, había tenido una amarga experiencia con los mexicas, quienes durante su estancia en Tizapán, habían sacrificado a una de sus hijas. Tal hecho, según algunos testimonios, fue la gota de agua que colmó la tolerancia culhuacana y obligaron a los mexicas a abandonar su territorio, a salirse éstos hacia el lago y trasladarse al islote de Tenochtitlan. A pesar de la rivalidad por algún tiempo existente entre culhuacanos y mexicas, hubo también algunas formas espontáneas de acercamiento y vinculación; concretamente en los matrimonios que, violando prohibiciones, existían entre mexicas y mujeres culhuacanas. Cuando el reino de Culhuacán, cuya decadencia iba en aumento, fue conquistado, surgió en los mexicas la idea de que eran ellos precisamente los legítimos herederos de su realidad política y cultural.

Glifo de Culhuacán

Coatlichan era el tercero de los reinos de importancia en aquellos tiempos en el valle de México. Situado en las riberas orientales del lago de Tetzcoco, allí había gobernado el nieto del gran chichimeca Xólolt, el señor Huetzin.

Gracias a un hijo de éste, Acolmiztli Huitzilihuitl, Coatlichan se encontraba, aunque en menor grado que Azcapotzalco, en el umbral de un periodo de expansión; El señorío de Tetzcoco, su vecino norteño, gobernado por Quinatzin, otro descendiente de Xólotl, era entonces tributario sumiso de los señores de Coatlichan.

Glifo de Coatlichan

Algunas décadas más tarde, el precario equilibrio de fuerzas, motivado de algún modo por la existencia de los tres reinos antes mencionados, se rompió de forma violenta. Primero tuvieron lugar las luchas entre Azcapotzalco y Culhuacán, en las cuales salió derrotado éste último. Más tarde vino el debilitamiento de Coatlichan, atacado por sus vecinos, Tetzcoco y Huexotla, apoyados por Azcapotzalco. En un lapso relativamente breve hubo grandes cambios en la situación política que había prevalecido en el valle de México. En dichos cambios, muchas de las veces sangrientos, los mexicas desempeñaron un papel de gran importancia.

Dado que, desde su establecimiento en Tenochtitlan, vivían como tributarios de Azcapotzalco, su actuación a lo largo de casi un siglo fue la de aliados forzados o, si se quiere, de proveedores de tropas mercenarias, que debían prestar apoyo a los tecpanecas en sus acciones de conquista. Posiblemente la relación de dependencia con Azcapotzalco sirvió a los mexicas para adiestrarse en el oficio de la guerra y tomar conciencia de su capacidad y valor extraordinarios en los combates.

Además de los importantes reinos de Azcapotzalco, Culhuacán y Coatlichan, hubo también señorios menores con los que, en diversas ocasiones, tuvieron que entrar en contacto los mexicas. Los principales fueron: Tenayuca y Xaltocan, al norte, que habrían de sucumbir un día ante la fuerza de Azcapotzalco. Chimalhuacán-Atenco, Chalco y Amaquemecan, al sureste, en donde asimismo subsistían elementos culturales toltecas y de procedencia olmeca tardía, en fusión con los rasgos propios de los chichimecas. Otros estados, que serían también víctimas de la penetración tecpaneca, fueron: Xochimilco, Mizquic, Cuitlahuac y, bastante más al sur, el señorío tlahuica de Cuauhnáhuac.

Al otro lado de los volcanes, ejercía su influencia el centro de la antigua raíz cultural, Cholula, y comenzaban ya a florecer las cuatro cabeceras tlaxcaltecas, al igual que Huexotzinco. Todos estos señoríos, al pasar el tiempo, tendrían que ver, de un modo o de otro, con la nación mexica, que entonces apenas había tomado contacto con el lugar que le tenía predestinado su dios patrono Huitzilopochtli.

FUNDACIÓN DE MÉXICO-TENOCHTITLAN

Desde fines del siglo XIII hasta la fundación de Tenochtitlan, la tribu azteca experimentó un intenso proceso de asimilación de la cultura tolteca, como consecuencia del contacto con los culhúas.

En 1323, tras haber desollado viva a Achitometl, hija del señor de Culhuacán, son expulsados de Tizapán y huyen por el lago de Texcoco, hasta que, según la tradición, encuentran en un islote rocoso la prometida señal que tiempo atrás les había dado el dios Huitzilopochtli: un águila sobre un nopal devorando a una serpiente.

Llegaron entonces
allá donde se yergue el nopal.
Cerca de las piedras vieron con alegría
como se erguía una águila sobre aquel nopal.
Allí estaba comiendo algo,
lo desgarraba al comer.
Cuando el águila vio a los aztecas,
inclinó su cabeza.
Desde lejos estuvieron mirando al águila,
su nido de variadas plumas preciosas.
Plumas de pájaro azul,
plumas de pájaro rojo,
todas plumas preciosas,
también estaban esparcidas allí
cabezas de diversos pájaros,
garras y huesos de pájaros.

Miguel León Portilla. *Los antiguos mexicanos a través*
de sus crónicas y cantares.

Los aztecas habían encontrado un lugar conveniente, protegido y por entonces sin problema de ocupación, sobre el islote de la laguna de Metztliapan, "el canal de la Luna". En este lugar los mexicas decidieron establecerse y fundar su ciudad a la que pusieron por nombre Tenochtitlan.

Con ese capital acontecimiento llegó a su fin el largo y difícil peregrinar de los mexicas. La fecha oficial de la fundación de la ciudad de Tenochtitlan fue el 8 de junio de 1325.

Fundación de Tenochtitlan. *Códice Mendoza*

LA TRIPLE ALIANZA

Los aztecas ya habían fundado su ciudad, pero requirió de más tiempo para que se convirtieran en la potencia dominante del México prehispánico, ya que en la época en la que los aztecas o mexicas llegaron al valle de México, el pueblo dominante era el de los tepanecas. La capital del estado tepaneca era Azcapotzalco, que en aquel tiempo controlaba casi todo el altiplano central, manteniendo relaciones políticas y comerciales con Michoacán, Guerrero, Oaxaca y Veracruz.

El llamado periodo tepaneca (1376-1427) se caracterizó por la sumisión de los aztecas a los soberanos tepanecas de Azcapotzalco, de los que eran tributarios. El secreto y persistente deseo de todos los pueblos del valle de México de emparentar y relacionarse con los descendientes de la dinastía tolteca de Tula, los culhúas, hace que los aztecas pidan al señor de Culhuacán, en 1376, que les conceda el privilegio de tener como señor o tlatoani de su ciudad al príncipe Acamapichtli (1376-1396), hijo del mexica Opochtli y de la princesa culhúa Atotoztli, lo cual les es concedido, y se convierte así Acamapichtli en el primer *tlatoani* azteca.

La inteligente actitud de Acamapichtli, amistosa hacia Culhuacán y sumisa hacia Azcapotzalco, permitió el engrandecimiento de la ciudad de Tenochtitlan. Su sucesor, Huitzilihuitl (1396-1417), al casarse con una hija de Tezozomoc de Azcapotzalco, consigue que los tributos que pagaba la ciudad a los tepanecas se redujeran significativamente.

A Huitzilihuitl le sucedió Chimalpopoca (1417-1427), niño de 11 ó 12 años que apenas llegó a reinar, ya que fue asesinado por el usurpador Maxtlatzin a la muerte de Tezozomoc. El nuevo monarca tepaneca no escondía su odio contra los aztecas que debieron soportar nuevos impuestos.

Al morir Chimalpopoca, le sucedió en el poder Itzcoatl (1427-1440), mientras que el cargo de *Cihuacoatl* fue desempeñado por Tlacaelel, un gran reformador cuya obra se dejó sentir hasta la llegada de los españoles. Bajo el gobierno de ambos se fundan las bases del imperio azteca.

Ante la amenaza tepaneca, Itzcoatl se aprestó a reconocer a Maxtlazin como soberano todopoderoso del valle, pero en ese momento intervino Tlacaelel para cambiar para siempre el destino de los aztecas, que pasarían de ser un pueblo subordinado al de imperio dominante.

Tlacaelel, hijo de Huitzilihuitl, logró convencer a los señores aztecas de la necesidad de no aceptar la sumisión y de luchar contra los tepanecas. Por inspiración suya se constituyó una cuádruple alianza, formada por Tenochtitlan, Texcoco, Cuauhtitlan y Huexotzinco, cuya finalidad era la de luchar contra Maxtla, el usurpador de su hermano en el gobierno de Azcapotzalco, a la muerte de Tezozomoc.

Con la muerte de Maxtla se terminó prácticamente también el imperio tepaneca, y, por consiguiente, la dependencia que hacia éste tuvo Tenochtitlan durante medio siglo. En 1433, siguiendo la tradición de las coaliciones, va a formarse una nueva alianza, esta vez triple. Intervendrán en ella Itzoatl de Tenochtitlan, Netzahualcoyotl de Texcoco y Totoquihuatzin de Tlacopan.

Tlacopan, también llamada Tacuba, que significa "planta florida sobre tierra llana" fue fundada por Tlacomatzin. Tezcoco que significa "en las jarillas de los riscos" fue fundada en el siglo XII como Estado náhuatl independiente. Los tepanecas habían derrotado y dado muerte a su señor Ixtlixóchitl, quedando como sucesor Netzahualcóyotl, su hijo.

Los ejercitos de la Triple Alianza lograron infligir graves derrotas a los tepanecas, hasta conseguir que cayera la plaza de Azcapotzalco en el año 1428.

A partir de entonces la Triple Alianza dominó el valle de México por casi 100 años, cumpliendo fines militares de carácter ofensivo y defensivo, al mismo tiempo que sirviendo de ayuda mutua en casos de calamidad pública. Dos quintas partes de los tributos y del botín de guerra iban a manos de Tenochtitlan y Texcoco, mientras que la quinta parte restante era para Tlacopan quien se expandió a otras regiones a las que cobró tributo.

La Triple Alianza pronto dominó gran parte de Mesoamérica, los aztecas se impusieron a las otras dos ciudades: Tlacopán y Texcoco, que quedaron como aliados secundarios de Tenochtitlan. Cuando Tenochtitlan cayó en 1521 a manos de Hernán Cortés, Tlacopán y Texcoco también se colapsaron.

🐾 DIOSES Y RELIGIÓN 🐾

Los aztecas eran politeístas, tenían varios dioses, rendían culto a la lluvia, a los astros y otros fenómenos naturales.

Para los aztecas el Universo fue originado por la *Cipactli*, una especie de serpiente-dragón que vivía sola en el cosmos. Según la mitología fue dividida en tres partes, de su cabeza nacieron los 13 cielos, de su cuerpo nació el *Tlalticpac* o la Tierra y de su cola, los nueve inframundos. Todo se explica entonces a partir de esta serpiente, el movimiento, el cambio, la diversidad.

Así empiezan a habitar los dioses en los lugares que les correspondían y los 13 cielos albergan a deidades, astros y seres desencarnados.

LOS TRECE CIELOS

En el primer cielo se mueven la Luna y las nubes. Aquí vive Meztli, la Luna; Tlazolteotl, la comedora de inmundicias; Tiacapan, la hermana mayor, la que va guiando; Ixcuina, la que quita el rostro; Tecotzin o Teicu, la menor. Todas ellas representaciones de las fases lunares. Aquí también vive Tláloc, dios de la lluvia, "el que punza el vientre de la nube", y Ehecatl, dios del viento, "el que hace caminar a las nubes".

En el segundo cielo se mueven las estrellas, Cintlalco; la vía láctea, Citlaltonac; la Osa Mayor, Tezcatlipoca; la Osa Menor, Citlaxonecuilli y la constelación de Escorpio, Colotl.

En el tercer cielo se mueve Tonatiuh, el Sol.

En el cuarto cielo se encuentra Venus o Quetzalcóatl, bajo la advocación de Tlahuizcalpantecuhtli, señor de la casa de la aurora. También vive aquí la diosa de la sal, Huixtocihuatl.

El quinto cielo da albergue a los cometas, Citlallinpopoca, "las estrellas que humean".

En el sexto cielo yace la noche, Tezcatlipoca, con sus poderes nocturnos.

En el séptimo cielo se encuentra el día, el cielo azul, Huitzilopochtli.

En el octavo cielo se encuentran las tempestades, donde está Tláloc junto con Iztlacoliuhqui, el dios "cuchillo torcido, señor del hielo".

El noveno cielo es la región del blanco.

El décimo cielo es la región del amarillo.

El onceavo cielo es la región del rojo.

El duodécimo cielo es la morada de los dioses.

El decimotercer cielo es el Omeyocan, "lugar de la dualidad". Éste es el lugar en donde habita la deidad suprema, el principio de la divinidad, la dialéctica que genera el movimiento en el mundo.

LA TIERRA

La Tierra, Tlaltipac, se define a partir de los cuatro puntos cardinales y un eje central. Aquí se encuentra todo lo que vemos, nuestra existencia, las penas y alegrías.

EL INFRAMUNDO

Este lugar no tiene nada que ver con el infierno cristiano, si bien se encuentra por debajo de la tierra como aquél, es el lugar a donde tienen que ir todos los seres que han muerto para lograr descarnarse y que su alma llegue a su forma más pura. Dependiendo de la forma en que mueran podrán ir a distintos lugares en donde alcanzarán el descanso eterno.

El inframundo se compone de nueve niveles empezando por el que se encuentra justo debajo de la superficie terrestre.

Primer nivel.- Aquí los recién llegados vadean un río con la ayuda de un perro, de ahí la costumbre de venerarlos y tratarlos con respeto.

Segundo nivel.- En este nivel dos grandes montañas se acercan y alejan impidiendo el paso a los muertos, así que tienen que cruzar entre ambas rápidamente y con cuidado para no quedar aprisionados.

Tercer nivel.- Llamado "cerro de navajas", donde los visitantes son atacados con cuchillos de obsidiana y pedernal sumamente afilados.

Cuarto nivel.- En este estrato hace un frío que corta y también cae nieve.

Quinto nivel.- En este lugar se encuentran los vientos más fuertes, los cuales levantan los cuerpos y los golpean a su merced.

Sexto nivel.- Aquí mora el dios "de las flechas erradas". Todas las flechas que se han perdido en batalla y que no han acertado un blanco, son lanzadas por él a los muertos en su camino y de este modo, los va desangrando.

Séptimo nivel.- Es la morada de un jaguar que devora los corazones.

Octavo estrato: Aquí el alma es por fin liberada de su cuerpo, de toda sensación y dolor.

Noveno nivel.- Es el "recinto de la muerte" o del "descanso eterno". Chicunamictlan está regido por los señores del inframundo: Mictlantecuhtli y Mictlancihuatl. Una vez vencido el último obstáculo, formado por una extensión de nueve aguas, las almas alcanzan la paz eterna.

LAS MORADAS FINALES

Tonatiuhchan.- Se ubica al Oriente, es la "casa del sol". Aquí llegan los guerreros muertos en combate y todos los que fueron sacrificados al culto solar. Está cubierto con flores blancas, amarillas y rojas. Los guerreros y los sacrificados se reúnen al amanecer para llevar al Sol por el camino del cielo hasta que éste alcanza el cenit.

Cincalco.- Se ubica al Poniente, es el "lugar de la casa del maíz" o el "lugar de las mujeres", Cihuatlampa. A este lugar van las mujeres que han muerto dando a luz a su primer hijo, en la creencia de que éste podría ser un futuro guerrero, se entiende la labor de parto como una gesta guerrera. Son las famosas Cihuateteo, encargadas de relevar a los guerreros en el cenit y llevar al Sol hasta el ocaso, donde entrará en las regiones del inframundo.

Tlalocan.- Se ubica al Sur, en este lugar se encuentran los que han muerto ahogados, por un rayo, de hidropesía y lepra, debido a que estas enfermedades están relacionadas con Tláloc.

Tamoanchan.- "Lugar de nuestro origen", a este sitio van los que han muerto siendo niños, aquí hay un árbol del cual mana leche para alimentar a las almas antes de nacer. Estos niños pueden regresar a completar su ciclo de vida y morir definitivamente.

EL PANTEÓN AZTECA

A continuación presentamos los principales dioses del panteón náhuatl. Hay que estudiar a fondo para entender bien la teogonía de los aztecas, ya que la mayoría de los dioses son advocaciones diferentes de un mismo dios. Es decir, que un dios dependiendo de la función que esté realizando, toma cierta identidad.

Centeotl.- "Diosa del maíz seco", según la madurez de la mazorca se le llama con diferentes advocaciones.

Coatlicue.- "La de la falda de serpientes". Advocación antigua de Omecihuatl que representa la tierra, la gestación, la fertilidad, la abundancia y el alumbramiento. De ella brotan los remolinos de polvo y aire; como corazón de la tierra, provoca los temblores, las grietas en la tierra.

Coyolxauhqui.- "La que se afeita a la manera antigua" o "la del rostro pintado con cascabeles". Representa a la Luna en el mito de Huitzilopochtli, su hermano uterino, es hija de la Coatlicue. Muere todos los días descuartizada por la Xiuhcoatl "serpiente de fuego", el arma de la deidad solar. Su simbolismo lunar incluye las aguas y la tierra, la fertilidad, el nacimiento y la guerra cósmica entre el Sol y la Luna, día y noche.

Chantico.- "En el hogar" es la diosa protectora del fogón del hogar, es decir, de la vida familiar, de la esposa, de la madre y ama de casa. Como deidad del hogar y de las intuiciones e instintos femeninos, participa en los ritos relacionados con la predestinación y la adivinación. Se le invoca desde la construcción de una vivienda.

Huitzilopochtli.- Otra deidad con el mismo origen mítico-histórico que Quetzalcóatl. Su mito empezó con la peregrinación de los aztecas. Huitzilon, es el sacerdote que inicia la marcha desde el norte hasta el altiplano, y después de su muerte es deificado.

Mayahuel.- Es la diosa del la planta del maguey y la fertilidad. Protectora de úteros maduros que regresan a la vida. Mayahuel tiene muchos pechos para alimentar a sus niños. Mayahuel es la esposa de Patecatl.

Meztli.- "La Luna", es la contraparte del Sol. Lleva un caracol que está asociado a la matriz y al nacimiento. Tiene sus cuatro hermanas quienes ayudan a las labores de parto y desencadenan las pasiones humanas. Al igual que a Meztli se les representa con caracoles.

Mictlantecuhtli y Mictlancihuatl.- "Señor y señora del Mictlan o de la muerte". Las segundas manifestaciones de Ometeotl, son los antagonistas de la primera pareja, los que quitan y provocan la muerte.

Ometeotl.- "Dios de la dualidad", también llamado Moyocoyani, "El que se creó a sí mismo". Él se pensó y se inventó para constituir el principio y generar todo lo que existe. Fue la primera manifestación divina, que dio origen a todo.

Ometecuhtli y Omecihuatl.- "Señor y señora de la dualidad". Las primeras manifestaciones de Ometeotl, la partición de las energías; activa y pasiva, femenina y masculina. Son los dioses o la pareja creadora de todo lo que existe.

Opochtli.- "El de la mano izquierda". Dios sagrado de los pescadores y los cazadores de pájaros. Durante un periodo de la historia azteca fue una deidad de considerable importancia, ya que, por generaciones, los aztecas habitaron en pantanos y dependían de la comida diaria a base de pescado de los lagos, y de pájaros de los juncos. **Quetzalcoatl.-** "Serpiente emplumada" (Iztauhqui Tezcatlipoca) "espejo blanco que humea", Quetzalcoatl es uno de los dioses más complejos del panteón náhuatl, debido a que tiene varias advocaciones y a que su figura permanece como un mito. No se sabe a ciencia cierta si este numen existió, sin embargo, su influencia se dispersó por toda Mesoamérica llegando a erigirse como el dios principal de estos pueblos; por lo general se le considera el representante de lo material y lo espiritual.

Su figura combina los aspectos terrenales y celestiales, mezclando la serpiente, un símbolo universal de fertilidad, movimiento y de energías telúricas, con el ave, mensajera e intermediaria de los hombres con los dioses.

Sus advocaciones son las siguientes:

Ce Acatl Topiltzin Quetzalcoatl: es la representación humana de Quetzalcóatl como sacerdote que cae en el pecado y que mediante la penitencia se redime.

Ehecatecuhtli o Ehecatl: "Señor del viento", está representado con una máscara de pico de ave. No sólo es la representación del aire como tal, sino también del soplo de vida, del aliento divino que se imprime en los seres para dotarlos de movimiento. Además, es también el aire que separó el agua del cielo y de la tierra.

Tlahuizcalpantecuhtli: "Señor de la casa de la aurora", es la representación de Venus en su aspecto matutino. Simboliza la luz que rompe con las tinieblas, la luz del conocimiento o de la iluminación espiritual.

Xolotl: "Gemelo divino", es la representación de Venus en su aspecto vespertino, y se muestra en la forma de un perro. Es el alter ego de Quetzalcóatl, representa la lucha entre la razón y el instinto.

Tlaloc y Chalchiuhtlicue.- El nombre correcto de Tláloc es Tlalloccantecuhtli "señor del lugar donde brota el vino (lluvia) de la tierra". La traducción de Chalchiuhtlicue es "la de la falda de jades". Ambos son númenes del agua en todas sus formas, la lluvia, los ríos, las nubes de tormenta, etcétera. Se entiende también por "agua de vida" o vino, la sangre que ofrendan los hombres y los dioses, la sangre que cae en gotas de los miembros punzados con espinas de maguey.

Tlaltecuhtli.- "Señor de la Tierra", se le representa con la figura de una rana de pelo encrespado, enredado de alacranes, arañas y bichos que simbolizan su conexión con el inframundo. Tiene garras en pies y manos, la boca inmensa y abierta con colmillos o múltiples bocas en las coyunturas, como símbolo de su poder devorador. Sin embargo, esta imagen no debe de engañar, tras ella se esconde la boca que entrega la vida nuevamente al mundo, la que le da vida a los seres de la tierra.

Tonacatecuhtli y Tonacacihuatl.- "Señor y señora de nuestra carne o del sustento". Son otras advocaciones de Ometecuhtli y Omecihuatl. Representan el sustento diario, el aspecto humano y paternal de los dioses como proveedores del alimento en la vida diaria, simbolizan el aspecto bondadoso y fraternal de lo espiritual.

Xipe-Totec.- "Nuestro señor el desollado" (Tlatlauhqui Tezcatlipoca), "espejo rojo que humea", Camaxtli. Su característica más reconocible es la de utilizar sobre su cuerpo una piel humana tomada de una víctima sacrificada en su nombre. Esta deidad está relacionada con la primavera y simboliza el renacimiento evocado por el cambio de piel.

Xiuhtecuhtli.-"Señor del fuego y del tiempo". Advocación antigua de Ometecuhtli, como el que genera el calor, la vida, el tiempo y la luz.

Xochipilli.- "Señor noble de las flores", en su casa es donde se instruye a los poetas, músicos y danzantes. Es dios de la primavera, de las flores, del baile, del amor y del verano. Se le representa adornado con flores y mariposas.

Xochiquetzal.- "Flor preciosa", es patrona de los plateros, pintores, tejedores de plumas y de las artes y oficios. Ayuda en los temas del amor y en lo sexual y pasional. Es numen de la belleza y las flores, se le representa como una bella joven, con el cabello cortado sobre la frente y a las espaldas, decorado con flores y zarcillos de oro. En las manos lleva manojos de flores y su huipil y falda de color azul tienen flores bordadas de todos colores adornadas con plumas.

Yacatecutli.- Era el patrón de los viajeros de la clase mercantil. Lo adoraban colocando sus bastones juntos y salpicando con un montón de sangre sus narices y orejas. El bastón del viajero era su símbolo, al que se le hacía una oración y se le ofrecían flores e incienso.

LOS SACRIFICIOS HUMANOS

Los sacrificios humanos se llevaron a cabo prácticamente en todo el México antiguo, aunque con sus particularidades en cada región o cultura.

La ideología del sacrificio

El sacrificio humano era un rito que se había practicado por milenios, pero ¿cómo se justificaban estas matanzas? Las investigaciones realizadas sobre los mitos y ritos del centro de México nos ayudan a tratar de entender la ideología del sacrificio humano y a desentrañar sus posibles significados.

Aparentemente la base de todo radica en la noción de deuda. Una criatura le debe la vida, y todo lo que la hace posible vivir, a sus creadores. Por lo tanto, debe reconocerlo y pagar su deuda, *tlaxtlaua* en náhuatl, mediante ofrendas, que podían ser de incienso, tabaco, alimentos, o incluso de su propia sangre.

Debe destacarse también que los aztecas se presentan como si no tuvieran culpa alguna, los impíos son los otros, sus enemigos. Cabe agregar que los guerreros sacrificados portaban los atavíos de los *mimixcoas*, a quienes encarnaban. En lo esencial, el sacrificio humano era expiación y un medio de destruir el cuerpo-materia para sobrevivir después de la muerte. Así lo confirman las palabras de las víctimas liberadas por Pedro de Alvarado antes de la matanza en la fiesta de *tóxcatl*: decían que querían morir para ir a la casa del Sol. Se trataba incluso de un medio para alimentar a los dioses y revitalizarlos, aunque esto también podía hacerse con animales, incienso, hierbas, flores y papel.

Además del sacrificio de guerreros había también el sacrificio de imágenes o representantes de los dioses, *ixiptlas*, por lo común eran esclavos que recibían un baño ritual, es decir, eran purificados: niños (para los dioses de las lluvias y de los montes), muchachas nobles, condenados por diversos crímenes y voluntarios. Así, estas víctimas "eran" los dioses, que morían a través de ellas para renacer más fuertes y rejuvenecidos. Sin embargo, debe subrayarse que muchos de los dioses eran ellos mismos *ixiptlas* de otra cosa: el agua, la tierra, el fuego, el maíz, los astros, tal vez eran éstos, ante todo, los que eran regenerados y vivificados. Por ejemplo, si se sacrificaba un *ixiptla* del dios que representaba o era *ixiptla* de la lluvia, lo que se regeneraba, entonces, era la lluvia.

Cuando Nanáhuatl y la Luna eran quemados en el mes de *panquetzaliztli*, el mismo en que moría Huitzilopochtli, lo que se recreaba era el sacrificio del Sol y la Luna en Teotihuacan, y aquellos representaban a estos astros que nacían de nuevo. Los dioses morían a través de las víctimas humanas y lo mismo ocurría con los sacrificantes, los que ofrecían a la víctima, ya fuera un guerrero cautivo, un esclavo comprado o un hijo. Al morir simbólicamente a través de su víctima, el sacrificante aumentaba su fuego interno, se aliviaba y obtenía una existencia feliz después de la muerte.

Sacrificio azteca

La mayor parte de los sacrificios se realizaba a lo largo de los ciclos festivos de los meses del calendario solar y del calendario de 260 días, muchos de los cuales eran "aniversarios" de dioses. Las fiestas del año solar eran especialmente importantes porque en ellas se recreaban, de diferentes maneras y según la ciudad que las celebraba, diversos aspectos de la cosmogonía mesoamericana: la expulsión del paraíso, la creación de la Tierra, el nacimiento de Venus y del maíz, las migraciones de los pueblos en las tinieblas, el sacrificio del Sol y la Luna, su victoria en el inframundo.

Después se recreaban la salida del Sol y la primera guerra efectuada para alimentarlo, fiesta que era al mismo tiempo la de la cosecha del maíz para los hombres y la de la cosecha de guerreros para el Sol y la Tierra. Posteriormente venían las recreaciones del paraíso perdido y de la trasgresión, que coincidían con la puesta del Sol, el cual penetraba en la tierra y la fecundaba—para los nahuas morir significaba "tener parte con la señora tierra".

En esas celebraciones morían y nacían de nuevo casi todos los dioses: los de la tierra, del agua, del maíz, de los cerros, del pulque, de la caza; Huitzilopochtli, los *mimixcoas* y los *huitznahuas*, Nanáhuatl y la Luna; los de la muerte y del fuego, Tezcatlipoca, las diosas de las flores, del amor, del agua, o de la sal. La pareja creadora no recibía culto por parte de los hombres y únicamente se ocupaba en crear chispas de vida.

Todos ellos, y todo el mundo, se vivificaban, también se creaban estrellas sustentadoras de la bóveda celeste arrojando cautivos en hogueras. Se erigían postes dos veces al año para evitar la caída del cielo, se pagaban las lluvias y cosechas obtenidas con ofrendas de bienes de todo tipo.

Había otras muchas ocasiones que requerían de sacrificios humanos: guerras y batallas; desajustes del orden cósmico, como eclipses, sequías, hambres, inundaciones; la expiación por ofensas en el culto a los dioses, como robo de objetos sagrados, dejar escapar víctimas; motivos personales, como cuando un padre que escapaba de la muerte ofrecía a su hijo en pago; y, finalmente, la inmolación de acompañantes para los difuntos. Una misma víctima podía morir para expiar y sobrevivir en el más allá; para hacer morir y renacer a una deidad y a lo que encarnaba, así como a su propio "señor", su sacrificante; para alimentar y "vivificar" a una deidad; para sostener la bóveda celeste; para fecundar la tierra; para aplacar a los dioses, darles las gracias, reconocer su superioridad y poner de manifiesto la dependencia del hombre.

Los participantes del sacrificio

Los principales actores de los ritos de sacrificio eran los sacrificantes, los sacrificadores y los sacrificados. Entre los primeros había guerreros, mercaderes, artesanos ricos y otros particulares; representantes de *calpullis* o corporaciones, reyes. El estado, que se hacía cargo del costo de las guerras, también ofrecía en ocasiones víctimas, las cuales eran parte del tributo de otras ciudades.

Sin embargo, generalmente las víctimas eran capturadas durante las guerras de conquista o bien eran compradas por individuos que recibían apoyo de su familia y del grupo al que pertenecían. Los sacrificantes se daban a notar; por ejemplo, el guerrero lo hacía desde el campo de batalla, luego en su entrada triunfal a la ciudad con sus cautivos, en la presentación pública de éstos, en las danzas, en la velación con las víctimas en su última noche, en la marcha al templo con el vencido, en el banquete posterior, todo lo cual atraía prestigio y honores.

Lo mismo ocurría cuando se trataba de un esclavo purificado. Debía anunciarse la intención de inmolar, comprar y presentar a una víctima, la cual iba vestida por la ciudad, durante semanas, meses o todo el año, como una deidad, debiendo además desempeñar el papel de esa deidad y ser tratada como tal. También había que bailar con la víctima, velarla en su última noche, llevarla al templo e incluso —lo cual no estaba permitido a los guerreros— subir por la pirámide hasta la piedra de sacrificio y ver al dios (en su templo), cara a cara, es decir, morir simbólicamente.

Los sacrificadores eran por lo general sacerdotes especializados, muy estimados por los aztecas. Hay que distinguir entre los grupos de ayudantes, a los *chalmeca* nahuas, quienes por ejemplo, se encargaban de sostener a la víctima, y de extraer algo de su cuerpo (el corazón, la sangre, las entrañas).

A veces algunos guerreros (en el "sacrificio gladiatorio") o gran parte de los que asistían al ritual, participaban en la matanza, como ocurría en Cuauhtitlán, en el mes de *izcalli*, cuando más de 2,000 hombres y muchachos flechaban a seis cautivos de guerra atados en palos muy altos. Cabe agregar que los sacrificadores, los sacrificantes, el público y, en menor grado, los sacrificados, se preparaban y asociaban al sacrificio mediante diversas penitencias: autosacrificios, ayunos, continencia y danzas.

Lugares de sacrificio

Los templos eran los lugares reservados para la celebración de los rituales de sacrificio, sin embargo, también se realizaron sacrificios en otros lugares, como lo fueron algunos cerros.

Sacrificio en el templo

A continuación abordaremos el tema de uno de los monolitos más famosos del pueblo Azteca, comúnmente conocido como Calendario Azteca o Piedra del Sol, y el cual se piensa desde hace tiempo por diversos estudios realizados, que ni es un calendario, ni debería estar en posición vertical, y que en cambio pudo haber servido como *temalácatl* en los rituales de sacrificio aztecas. La Piedra del Sol colocada en posición horizontal pudo haberse utilizado como plataforma ceremonial para efectuar sobre su superficie sacrificios de diversa índole. Como comprobación de esta propuesta, existe un dibujo, en el capítulo XXIII de la obra *Historia de las Indias de Nueva España e islas de Tierra Firme* de Fray Diego Durán, en donde el sumo sacerdote extrae el corazón de una víctima sobre un monumento semejante a la Piedra del Sol.

Se ha discutido si el monolito funcionaba como un *temalácatl* destinado específicamente al sacrificio gladiatorio, o si sólo se usaba como un *cuauhxicalli* en el que se depositaban los alimentos sagrados de las deidades. Varios estudiosos consideran que este tipo de monumentos de grandes dimensiones como la Piedra del Sol, la Piedra de Tízoc y el monolito del ex Arzobizpado, eran plataformas que cumplían tanto la función de *temalácatl*, como la de *cuauhxicalli*, al recibir como recipientes la sangre y los corazones de las víctimas.

Sacrificio gladiatorio

Las guerras floridas

El ritual de las guerras floridas daba inicio en un tiempo y lugar acordados previamente por los contrincantes. Se llevaba a cabo en un espacio sagrado, que los contendientes desalojaban para ese efecto, llamado *cuauhtlalli*, "territorio del águila", o *yaotlalli*, "territorio enemigo"; la indicación para que comenzara la batalla era la quema de una gran pira de papel e incienso. Aunque en las guerras algunos guerreros morían y otros quedaban heridos, el propósito fundamental no era éste sino el de tomar prisioneros para sacrificarlos.

Las primeras guerras floridas consistieron en una serie de enfrentamientos intermitentes entre nobles de dos bandos, ninguno de ellos pretendía causar bajas al contrincante pues la lucha era cuerpo a cuerpo. Aquellos que eran capturados eran liberados posteriormente en lugar de ser sacrificados. Cuando se reanudaron las guerras, años más tarde, los nobles aún peleaban cuerpo a cuerpo, pero comenzó a haber muertos en batalla y sacrificio de prisioneros. En las fases finales de estas primeras guerras también participaba el pueblo y se usaban arcos y flechas; la muerte sin distinciones de clase fue complementando y, a la larga, acabó desplazando las demostraciones de arrojo personal. Los prisioneros capturados y sacrificados en las guerras floridas tuvieron una especial relevancia por su significado social y político.

Los pueblos de Tlaxcala, Cholula y Huejotzingo, pactaron un convenio con la Triple Alianza para que se realizaran guerras cada 20 días sin pretender tomar tierras, ni señoríos. El único fin era capturar guerreros para los sacrificios, esto tal vez explica el porqué nunca fueron sometidos estos pueblos, pese a que los aztecas lograron dominar a otros mucho más alejados y mucho más poderosos.

La carne humana como alimento

En ocasiones los dioses se conformaban con la "esencia" del muerto, es decir, el humo del corazón quemado, el vapor de la sangre, mientras que los hombres comulgaban de la deidad o semideidad muerta. Sin embargo, en ciertos casos se renunciaba a la víctima y se le destruía en el fuego (lo que sucedía raras veces), enterrándola en una cueva o en una pirámide, o lanzándola a un remolino en un lago. Se puede considerar que en este caso el destinatario o, más precisamente, aquello de lo cual el dios era el *ixiptla* o representante: tierra, fuego o agua, se comía directamente las ofrendas humanas.

El banquete antropófago era un evento religioso y social muy importante. Se comía al muerto divinizado, se unía con él, pero también se trataba de una ocasión para invitar y honrar a familiares, para hacer relaciones con personajes importantes, para ganar prestigio, y en todo esto se podía gastar el producto de años de trabajo. El sacrificante conservaba restos de su víctima, como el cabello de la coronilla —que contenía parte del calor vital y del "honor" del sacrificado— o sus atavíos; el guerrero se quedaba con el fémur del muerto, el cual colgaba en el patio de su casa para proclamar su valentía y gozar de la protección de este "dios cautivo" (*maltéotl*) cuando iba a la guerra. Era práctica común el exponer los cráneos de los sacrificados en los llamados *tzompantli*.

ORGANIZACIÓN POLÍTICA, SOCIAL Y ECONÓMICA

ORGANIZACIÓN POLÍTICA

El Estado azteca era de carácter teocrático ya que el emperador era considerado de origen divino, y los sacerdotes tenían a su cargo numerosas funciones de gobierno. Entre los aztecas los sacerdotes eran los dueños del conocimiento conservado en códices. Conocían la astronomía, la medicina y la escritura. La mayoría de la población no tenía acceso a los "conocimientos". Ellos eran los responsables de la preparación de las ceremonias religiosas y de los juegos rituales. En muchos ritos, como en el juego de la pelota, sólo podían participar los nobles, mientras que los nacimientos, los matrimonios y los entierros eran ceremonias obligatorias para toda la población. Los sacerdotes eran también los encargados de controlar el cumplimiento de las normas y de hacer justicia.

Las leyes del Estado azteca eran muy severas y los castigos variaban según el delito y el infractor. Existía la pena de muerte para los delitos de asesinato, traición, aborto, incesto, violación y adulterio. En este último caso se procedía a la lapidación aunque la mujer era estrangulada previamente. Los guerreros podían escapar de la pena de muerte aceptando un destino permanente en zona fronteriza.

La embriaguez era considerada delito. Sólo era permitida, en algunas circunstancias, para los ancianos y los guerreros profesionales. El castigo podía ser la muerte o el rapado de cabeza (si era la primera vez que alguien no importante cometía esta falta). En general, el castigo era más duro si quien había cometido el delito era un funcionario o noble importante.

Funcionarios que dependían directamente del emperador controlaban y centralizaban el almacenamiento de los productos recaudados por concepto de tributos y, en épocas de malas cosechas o de guerras, distribuían entre la población una parte de esos bienes almacenados. Los tributos que entregaban tanto la población, como los pueblos vencidos en las guerras de conquista, proporcionaban, al emperador y a los miembros del grupo privilegiado, los alimentos y los artículos necesarios para la vida.

El Estado azteca tuvo una importante fuerza militar con la que logró una gran expansión territorial. La máxima extensión de los dominios aztecas se produjo en tiempos del emperador Moctezuma II. Los aztecas practicaban continuamente la guerra de conquista, ya que de esta manera conseguían nuevos territorios y poblaciones que les rendían tributos.

El poder de los aztecas se debió también a la habilidad de sus gobernantes, quienes obtenían alianzas con distintos pueblos, aprovechaban las divisiones que existían entre sus adversarios y convencían a muchos señoríos de que les convenía más ser vasallos de Tenochtitlan que enfrentarse a los riesgos terribles de una guerra.

Algunas regiones del imperio azteca eran gobernadas directamente por funcionarios nombrados en Tenochtitlan. En otros señoríos, que habían aceptado pagar tributo a los aztecas, la administración estaba a cargo de la nobleza local, que debía rendir cuentas ante los gobernantes de la capital imperial. En ciertos lugares ventajosamente situados, los aztecas establecieron fortalezas y guarniciones que vigilaban los territorios dominados y la seguridad de las rutas comerciales.

El *Códice Mendocino* o *Matrícula de tributos*, da cuenta de los tributos que le pagaban diferentes pueblos a los aztecas.

Entre los tributos que llegaban a Tenochtitlan de todas las regiones del imperio estaban: alimentos, tejidos, artículos preciosos, y también seres humanos cautivos destinados al sacrificio. A la capital del imperio entraban anualmente dos millones de mantas de algodón (una carga con 20 mantas permitía vivir a un hombre durante más de un año).

Esa riqueza convirtió a la capital azteca en una ciudad deslumbrante, pero las cargas tributarias impuestas por los aztecas; les valieron el odio generalizado de los pueblos sometidos del valle de México, razón por la cual muchos de ellos apoyarían a los españoles en la batalla contra los aztecas.

ORGANIZACIÓN ECONÓMICA Y SOCIAL

Para la administración del vasto imperio, los aztecas implementaron un rígido sistema basado en el poder personal de la nobleza. A la cabeza de la estructura de mando estaba el soberano o *huey tlatoani* (gran orador y jefe de los hombres) con amplios poderes militares, civiles y religiosos. El *huey tlatoani* presidía el consejo supremo o *tlatocán*, donde participaban los jefes o *tlatoani* de las ciudades más importantes, las máximas autoridades militares y los delegados de algunos *calpullis* (la ciudad de Tenochtitlan estaba dividida en 20 *calpullis*).

El consejo supremo tomaba las decisiones políticas, militares y administrativas y designaba al nuevo *huey tlatoani* cuando se producía la muerte del soberano. En el territorio que se encontraba bajo jurisdicción azteca, especialmente en los focos rebeldes, había gobernadores militares apoyados por pequeñas guarniciones que mantenían el orden y aseguraban la recaudación de los tributos.

Las clases sociales

En la sociedad azteca se distinguían claramente dos grupos sociales: los *pilli* y los *macehuales*.

Los *pilli* o nobles formaban el grupo privilegiado. Eran los sacerdotes, los guerreros y los funcionarios de gobierno. Eran dueños de la mayoría de las tierras, no pagaban ningún tipo de tributo y controlaban el Estado.

Clases sociales aztecas: *pilli* (izq.), *macehualli* (der.)

Las posiciones sociales de los perteneciente a la nobleza eran:

Huey Tlatoani (Gran Orador).- Era la más alta autoridad del imperio. Siempre recibía tributo y sumisión de sus dominios.

Tlatoani (Orador).- Había uno en cada ciudad principal, con poder militar, civil y religioso. Un *Tlatoani* podía estar sujeto a otro más importante, como el *Huey Tlatoani*.

Tecuhtli.- (Señor). Este título se otorgaba como recompensa a acciones sobresalientes y estaba dotado de tierras y servidores. Muchos *Tecuhtli* ejercían cargos administrativos o eran jueces. Tenían como misión administrar sus dominios y a la gente que residía en ellos. Servía a su *Tlatoani* cuando éste lo demandaba.

Pilli.- (Hijo del Tecuhtli). Tenían tierras en el interior de las propiedades de su *Tecuhtli* y actuaban como embajadores, administradores de justicia y recaudadores de tributo. Podía ser *Pilli* todo el que nacía dentro de una familia noble.

Noble águila.- Eran los recién llegados a la nobleza, o gente común que lograba el ascenso. Estaban exentos del pago de tributo. Siempre se les recordaba su origen humilde, pero sus hijos eran *Pilli* desde el nacimiento.

Telpochtli.- Joven estudiante entrenado en la fuerza de las armas.

El comercio también era una actividad muy extendida, los aztecas intercambiaban productos con pueblos de diferentes regiones. Los comerciantes llegaban hasta lugares lejanos con artículos de mucho valor y de poco peso, como el cacao, gemas, algodón o preciosas plumas.

La actividad de los comerciantes no sólo tenía valor económico sino también importancia estratégica, ya que actuaban como espías del estado. El colorido y la variedad de producto eran característicos de los mercados.

Los *macehuales* o trabajadores comunes constituían la mayor parte de la población y formaban el grupo de los no privilegiados. Eran los campesinos, los comerciantes y los artesanos de las ciudades. Debían ofrecer tributos al Estado en alimentos y trabajo. La entrega de una parte de lo que producían aseguraba la alimentación de los sacerdotes, funcionarios y del emperador. Tenían la obligación de trabajar en la construcción de edificios y templos pertenecientes a la nobleza. La agricultura fue la base de la economía azteca, y el maíz, la calabaza y el poroto, los cultivos más importantes.

Por último, en la sociedad azteca existían los *tlacotli*, quienes en su mayoría eran prisioneros de guerra, o personas que por haber contraído deudas o haber cometido algún delito, trabajaban para un amo sin recibir ningún tipo de pago. A pesar de que esta condición los asemejaba a la de simples esclavos, en la mayoría de los casos el trabajo finalizaba cuando la deuda o el delito se consideraban pagados. Aquellos *tlacotli* que reincidían podían llegar a ser sacrificados a los dioses.

La Familia

La base de la sociedad azteca era la familia, de carácter patriarcal y generalmente monogámica, aunque se permitía la poligamia. El grupo familiar podía reducirse a la pareja de cónyuges y la progenie, o construir formas de familia extensa constituidas por los padres y las familias de los hijos.

Un grupo de varias familias componía el *calpulli*, unidad social compleja que se encargaba de funciones muy diversas, como elegir al jefe del *calpulli*, que debía pertenecer a un linaje determinado. Al frente de cada *calpulli* estaba el *calpullec*, electo de por vida por un consejo formado por las cabezas de familia y en conformidad con el soberano azteca. Su principal tarea era el registro de todas las tierras de la comunidad y el control de las labores de cultivo.

Cada familia perteneciente a un *calpulli* recibía en usufructo una parte de las tierras comunales, la cual volvía al *calpulli* si dejaba de cultivarse.

A veces varios *calpulli* se hallaban unidos en barrios y solían estar especializados en alguna actividad artesanal o profesional.

Actividad económica

La civilización azteca se basó desde el punto de vista económico, en la agricultura y el comercio.

Uno de los sistemas de explotación agrícola más interesante fue la construcción de huertos flotantes, las "chinampas", hechas con cañas, ramas, barro y limo. Además, conocían las técnicas del barbecho y la irrigación mediante diques y acequias y utilizaban abonos vegetales y animales.

La ganadería era pobre como en el resto de la América precolombina, sobresalen el pavo y diversas razas de perros, una de ellas criada para el consumo de su carne.

Otros productos eran las aves acuáticas y el pescado, la sal del lago de Texcoco y el basalto con el que se construían muelas de mano.

En los mercados se practicaba un activo comercio sustentado por el trueque, empleando las semillas de cacao como cambio o para equiparar diferencias. El precio de las mercaderías variaba según la cantidad existente.

Cultura y arte

Aunque los aztecas conocían un tipo de escritura jeroglífica, con rasgos incipientes de fonetismo, la transmisión de cultura se realizó principalmente en forma oral.

La medicina también tuvo un gran grado de desarrollo. Con su conocimiento de la naturaleza distinguieron propiedades curativas en diversos minerales y plantas. Los sacrificios humanos religiosos (que incluían la extracción del corazón y el desmembramiento del cuerpo) favorecieron un buen conocimiento de anatomía. Sabían curar fracturas y mordeduras de serpientes.

Aunque la medicina era practicada por hombres y mujeres, parece ser que sólo las mujeres podían encargarse de ayudar en los partos. La medicina estuvo muy ligada a la magia, pero el hecho de no atribuir la causa científicamente correcta a cada enfermedad no significó que no se aplicase el remedio conveniente.

La arquitectura azteca sólo se conoce por los restos que han sobrevivido a las destrucciones efectuadas durante la conquista española. Las edificaciones más características son los templos de estructura piramidal como el Cholula.

Los aztecas fueron grandes escultores, realizaban esculturas de todos los tamaños, diminutas y colosales, en ellas plasmaban temas religiosos o de la naturaleza. Captaban la esencia de lo que querían mostrar y luego realizaban sus obras con todo detalle.

En las esculturas de gran tamaño solían representar dioses y reyes. Las pequeñas se reservaban para la representación de animales y objetos comunes. Se usó la piedra y la madera y, en ocasiones, se enriquecían con pintura de colores o incrustaciones de piedras preciosas.

Fueron también hábiles artesanos: la orfebrería, los tejidos y los mosaicos de pluma, la talla de piedras y la pintura de códices eran considerados como algunos de los principales artes menores. Escribían sobre piel de venado o sobre un papel hecho de fibra de maguey y corteza de amate. Su literatura desarrolló los temas histórico, religioso y lírico.

Los poesía azteca podía ser recitada o cantada al ritmo de tambores y trompetas. Algunas veces incluía palabras que no tenían ningún significado y que sólo servían para marcar el ritmo. Frecuentemente los poemas eran dedicados a los dioses, pero también trataban de otros temas como la amistad, la guerra, el amor y la vida.

Los orfebres empleaban varias técnicas en su trabajo, como la de la cera perdida y fundir oro con la plata. Elaboraban todo tipo de figuras y adornos, pulseras, collares, pectorales, pendientes, etcétera. Frecuentemente el metal se combinaba con piedras preciosas (turquesa, amatista, jade, cristal de roca) o con conchas.

Los adornos hechos con plumas tuvieron gran importancia en Mesoamérica. Las plumas más apreciadas eran las del *quetzal* (verdes) las del *tlauquecholli* (rojas) y las del *xiuhtototl* (azul turquesa). Con ellas hacían tapices y adornaban mantas, máscaras rituales, escudos o trajes de guerreros.

Penacho azteca

Vida cotidiana

La educación era obligatoria y el sistema de enseñanza era severo. Las mujeres eran educadas por sus madres en casa para formar una familia y en las artes y los oficios que ayudarían al bienestar de su futuro hogar. Sólo las nobles podían ir a aprender a una especie de monasterio donde vivían hasta el momento del matrimonio. Para los chicos había dos tipos de escuelas: el *tepochcalli* y el *calmecac*.

El *tepochcalli* estaba destinado a los hijos de las familias comunes y corrientes y existía uno en cada barrio. Ahí se enseñaba la historia, los mitos, la religión y los cantos ceremoniales de los aztecas. Los varones recibían un intenso entrenamiento militar y aprendían cuestiones relacionadas con la agricultura y los oficios.

El *calmécac* era donde recibían educación los hijos de la nobleza, con el propósito de formar a los nuevos dirigentes militares y religiosos.

La enseñanza de la religión era muy importante, pero también se aprendía escritura, lectura, historia y música.

La *mujer azteca* tenía **derechos**. Podía tener propiedades a su nombre, acudir al **Consejo** para reclamar justicia o solicitar el **divorcio**.

Sólo había dos formas de relaciones sexuales permitidas: las que tenían lugar dentro del matrimonio; y las de guerreros solteros con sacerdotisas dedicadas a la prostitución ritual. Estas últimas estaban protegidas por la diosa Xochiquétzal, se presentaban adornadas y maquilladas y proporcionaban al hombre alucinógenos y afrodisíacos que estimulaban su apetito sexual. Siempre mantenían este tipo de relaciones antes de que los guerreros partiesen a la batalla. El adulterio, sin embargo era severamente castigado.

🐾 LA LENGUA NÁHUATL 🐾

El nombre de la lengua náhuatl proviene del verbo *nuhuati*, "hablar alto". *Náhuatl* significa "sonoro, audible". También ha sido llamada *nahua, nahoa, nahualli, mexihca* y *macehualli*.

Los primeros nahuas en llegar al valle México hablaban el dialecto *náhuat*, uno de cuyos rasgos es la presencia de la *t* en vez de la *tl* que caracterizó el dialecto de Tenochtitlan en época más tardía. El *náhuat* puede haber sido la lengua, o una de las lenguas, de los teotihuacanos y en siglos posteriores de la civilización tolteca.

Los aztecas hablaban el dialecto *náhuatl* y al extenderse su imperio a través de una gran parte del centro y sur de lo que ahora es la República Mexicana, la lengua se difundió considerablemente. Sin embargo, nunca intentaron imponer su idioma entre los pueblos conquistados, aunque fuentes históricas aseguran que los pueblos tributarios se vieron obligados a entrenar un cuerpo de *náhuatlatos* o traductores.

En la gran ciudad de Tenochtitlan el grupo dirigente se preocupaba sobremanera del cultivo de la lengua. Existían escuelas y academias en las cuales, entre otras actividades culturales, se enseñaba a la juventud a hablar bien, a memorizar, a recitar, cantar, a "ensartar palabras bellas". En los templos había toda una escuela asalariada de compositores de poesía y canto al servicio del sacerdocio y la nobleza. En toda comunidad, por pequeña que fuera, había oradores quienes hablaban en las ocasiones solemnes del ciclo de vida. Recitaban los famosos *huehuetlatolli* o discursos morales, llenos de retórica y metáforas elegantes.

La poesía azteca era cantada y bailada, los temas eran los héroes, la historia, la vida y la muerte, cargados de significación religiosa. Componían también himnos a los dioses, los *teocuícatl* (cantos divinos) y los *yaocuícatl* (cantos guerreros).

LA ESCRITURA

A grandes rasgos podemos describir la escritura nahua prehispánica como un conjunto de elementos pictográficos, ideográficos y fonéticos. La fase más elemental, la pictográfica, es la simple expresión objetiva, por ejemplo, si se deseaba indicar un árbol, se dibujaba el árbol. En la ideográfica se utilizaba un glifo para señalar un concepto difícil de dibujar, por ejemplo, en el caso del habla, se pintaba una vírgula que salía de la boca de un individuo. Por último, en la escritura fonética se dibujaba la figura de un objeto para indicar un sonido, que muchas veces no tenía conexión con el objeto, por ejemplo, el símbolo para el agua indicaba el sonido de la "*a*"; un fríjol indicaba la "*e*".

Este ingenioso conjunto de elementos llegó a formar todo un sistema de escritura ya que tanto los cronistas indígenas como los españoles nos hablan de libros históricos, legales, fiscales, geográficos, calendáricos y, tal vez, de otros tipos hasta ahora desconocidos para nosotros.

El náhuatl clásico (el del siglo XVI) usaba un juego de 15 consonantes y cuatro vocales largas y cortas. Su gramática hacía mucho uso de sufijos y prefijos, reduplicación de sílabas y palabras compuestas.

De la lengua náhuatl proceden varias palabras que han pasado al español como aguacate (de *yeca-tl*), cacahuate (de *tlal-cacaua-tl*), cacao (de *cacaua-tl*), camote (de *camo-tl*), coyote (de *coyo-tl*), chile, (de *chi-li*), chocolate (de *chocola-tl*), mole, (de *mol-li*), tamal, (de *tamal-li*), tiza (de *tiza-tl*), tomate (de *toma-tl*), zopilote (de *tzopilo-tl*).

LA NUMERACIÓN

Los números de los aztecas estaban representados por diversos símbolos, en ciertos casos existían varios símbolos para identificar un mismo número.

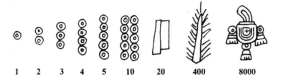

Símbolos aztecas para los números

Características del sistema de numeración azteca:

* Empleaban un sistema vigesimal, o sea, con base 20.

* Al escribir dos o más símbolos juntos, se suman los valores asignados a cada símbolo. Un símbolo puede repetirse hasta nueve veces.

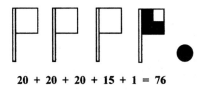

20 + 20 + 20 + 15 + 1 = 76

- Un símbolo podía partirse para expresar fracciones de su valor.

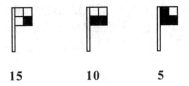

15   10   5

La bandera podía dividirse en 4 secciones con valor de 5 unidades cada una. La parte sombreada no se toma en cuenta. Por eso, tres secciones blancas equivalen a: 5 x 3 = 15; dos secciones blancas a 5 x 2 = 10; y 1 sección blanca a 5 x 1 = 5.

Los números también tenían nombre:

1   ce

2   ome

3   ei

4   nahui

5   macuilli

6   chicuace

7   chicome

8   chicuei

9   chiconahui

10 matlacti

Los códices

Las obras literarias en náhuatl previas a la conquista usaban la forma de escritura pictográfica que seguramente se usó para conservar las tradiciones orales. Una de las mayores labores culturales de los antiguos nahuas fue el registro de textos en libros escritos. Estos libros, que nosotros llamamos "códices", eran fabricados de fina piel de venado o de papel, y doblados en forma de biombo. En ellos se encuentra la primera grafía de la lengua náhuatl que conocemos con seguridad, aunque es posible que existan caracteres en monumentos arqueológicos de pueblos nahuas anteriores a los aztecas.

La desaparición a través del tiempo de muchos de los libros antiguos ha dificultado una reconstrucción satisfactoria del sistema de escritura prehispánico. No obstante, la existencia de diversos códices coloniales, que aún contienen glifos, son una valiosa herramienta de información.

La introducción del alfabeto por los frailes españoles jugó un importante papel en la preservación de parte de la cultura azteca, lamentablemente, otra parte fue destruida por los mismos españoles. La obra de Bernardino de Sahagún es de gran importancia pues contiene una investigación enciclopédica sobre la civilización azteca y muchos ejemplos de escritos históricos, religiosos y poéticos, es autor de *Historia general de las cosas de la Nueva España*. Otros importantes documentos que han sido preservados son la *Historia Náhuatl* que cubre un periodo de casi mil años (635-1519) y los *Anales de Tlatelolco*, parte de los cuales cubren el periodo de 1250 a 1525.

El principal códice azteca precolombino que se conoce es el *Códice Borbónico*, que consigna los calendarios ritual y solar. Entre los pos cortesianos destacan el *Códice Mendoza*, llamado Mendocino y la *Matrícula de Tributos*. Aquél trata de la historia mexica desde la fundación de Tenochtitlan hasta la llegada de los españoles, de los tributos que pagaban a los reyes aztecas las provincias sujetas a ellos y de las costumbres del pueblo tenochca.

Códices aztecas; a la izquierda, *Códice Borbónico*;
a la derecha, *Códice Mendocino*

🐾 EL CALENDARIO AZTECA 🐾

El ser humano inventó el concepto "tiempo" a partir de la observación de los fenómenos naturales y del movimiento de los cuerpos celestes, y ha adecuado sus actividades en función de esto.

Las culturas mesoamericanas se adentraron en el estudio de las matemáticas y la astronomía, y crearon el calendario, considerado como una de las aportaciones de las civilizaciones mesoamericanas a la cultura universal.

Los habitantes de Mesoamérica, al percibir la existencia de un orden en el firmamento, supusieron que éste era propiciado por los dioses, los cuales eran identificados con los cuerpos celestes y los fenómenos naturales; de ahí que desarrollaran un aspecto práctico de estas observaciones: la elaboración de sistemas de calendarios que permitieran una adaptación adecuada de los ciclos del cielo a su sistema social.

¿Cuándo sucedió por primera vez este proceso?, nadie lo se sabe con exactitud, sin embargo se ha comprobado que varias culturas mesoamericanas estuvieron especialmente involucradas en el mismo.

Los calendarios han sido a lo largo de la historia y de las culturas, el soporte preferido de las celebraciones y en torno a ellas, de los ritos, los mitos, los conocimientos, los dogmas y las costumbres que mejor las definen.

También en las culturas precolombinas de Centroamérica, de las que nos quedan numerosas referencias y vestigios, el calendario es la más elaborada expresión de las creencias, conocimientos y costumbres. Leer sus calendarios es como leer en clave sus libros sagrados, sus credos y sus fiestas; es como un escaparate de sus cultos y culturas.

Cuando llegaron los españoles al Nuevo Mundo, algunas de las culturas con las que entraron en contacto estaban en su máximo apogeo: Mesoamérica parecía, al igual que Egipto y Mesopotamia, la encrucijada de las grandes culturas del continente, el crisol en que éstas se fundían, conservándose lo mejor de cada una de ellas. Los calendarios de la zona son un fiel reflejo de ese esplendor y de esa síntesis cultural. Los mayas, los toltecas y los aztecas son los pueblos cuya cultura se impuso.

Al igual que ocurrió en el viejo continente, los calendarios avanzaban con las respectivas culturas. Por más que en los mitos respectivos cada uno aparezca como iniciador del tiempo, el caso es que los calendarios maya, nahua y azteca pertenecen a una misma fuente cultural. En el año 249 a.C., el calendario romano era un auténtico caos, y aún faltaban siglos para la reforma juliana que instituyó los años bisiestos. En ese mismo año se reunieron los sacerdotes de las tribus nahuas para corregir las desviaciones de su calendario, introduciendo el año "bisiesto". La reunión tuvo lugar en Huehuetlapallan, una de las siete ciudades mexicanas que formaban Chicomoztoc.

A la llegada de Cristóbal Colón a América, hacía tan sólo 38 años que los aztecas habían reformado su calendario, que era de 365 días, para intercalar el año bisiesto. Cuando llegó Hernán Cortés a México, el calendario azteca acababa de ser reformado, y el año empezaba el día primero de *Atlacalmaco,* que coincidía con nuestro primero de marzo.

No está claro si fue el mes o la semana la más antigua unidad de medida de los días. No obstante, en todos los calendarios de la historia vemos que son los días de mercado los que marcan la cadencia de las semanas (en algunas lenguas se usa la misma palabra para denominar la feria o mercado y la "semana").

Entre las culturas centroamericanas se instituyó la celebración del mercado cada cinco días y por tanto la semana era de cinco días. En la cultura actual fue la sacralización del número siete lo que determinó que nuestra semana sea de siete días.

Según los mitos aztecas fue el dios Quetzalcóatl el que enseñó al hombre el calendario. El pueblo azteca daba gran importancia al tiempo, que era registrado en dos calendarios: el de 365 días, *xihuitl*, considerado el calendario solar o agrícola, compuesto por 18 meses de 20 días, más cinco días "inútiles" o "aciagos"; y la Cuenta de los Destinos de 260 días, llamada *tonalpohualli*, que tenía más bien carácter adivinatorio.

Los aztecas dividían el calendario solar en cinco periodos de 73 días, a los que llamaban:

Cocij cocij cogaa, era el tiempo del agua y del viento simbolizado por el cocodrilo.

Cocij col lapa, era el tiempo de las cosechas, representado por el maíz.

Cocij piye chij, era el tiempo santo o de fiesta, representado por el águila o el guerrero.

Cocij piye cogaa, tiempo de secas e inicio del calendario, representado por el tigre.

Cocij yoocho, tiempo de las enfermedades y las miserias, representados también por el tigre.

El *tonalpohualli* estaba divido en 13 meses de 20 días cada uno. Cada día tenía un nombre y se combinaba al girar con un número del 1 al 13, hasta completar los 260 días (13 x 20=260).

Cada día con su numeral tenía una carga energética que lo conectaba con las fuerzas del cosmos, y estaba bajo la protección de un dios, se relacionaba a un rumbo del universo y a un color, y tenía un augurio asociado. Los nombres y glifos de los días son:

Los 18 meses del calendario solar de 365 días, recibían los siguientes nombres (a la derecha se muestra su equivalente en el calendario gregoriano):

Atlcahualo: febrero-marzo
Tlacaxipehualiztli: marzo
Tozoztontli: abril
Hueytozoztli: abril-mayo
Txcatl: mayo-junio
Etzalcualiztli: junio

Tecuilhuitontli: junio-julio
Hueytecuilthuitli: julio
Tlaxochimaco: agosto
Hueymiccailhuitl: agosto-septiembre
Ochpaniztli: septiembre
Pachtontli: octubre
Hueypachtli: octubre-noviembre
Quecholli: noviembre
Panquetzaliztli: diciembre
Atemoztli: diciembre-enero
Tititl: enero
Izcalli: febrero
Nemontemi: febrero

Mediante el uso de los calendarios, a los aztecas les fue fácil representar el desarrollo del tiempo. Parece que antes de llegar a estos niveles en la medición del tiempo, los aztecas sólo tenían cuatro nombres que se iban repitiendo hasta completar el mes. Estos nombres eran *ácatl, tepatl, calli* y *tochtli,* que representaban a los cuatro astros (Sol, Luna, Venus, Tierra), a los cuatro vientos, a las cuatro estaciones, o a los cuatro elementos. Aunque parece que desde tiempo antes dividían el año en estaciones; que se guiaban por los equinoccios y los solsticios; y que dividieron el día en 16 "horas": 8 laborables, desde la salida a la puesta del sol, y las 8 restantes de descanso.

Instituyeron también el período de 52 años, formado por cuatro haces de años (13 x 4 = 52). Al cumplirse dicho periodo en que ajustaban exactamente el calendario al Sol, celebraban una extraordinaria fiesta religiosa en la que se extinguía el fuego viejo y se encendía un nuevo fuego sobre el cuerpo de la víctima humana que con ese motivo se iba a sacrificar. Todos los fuegos del imperio se extinguían antes de tan importante ceremonia (en algunas épocas, los días *nemontemis* que la precedían tuvieron carácter de duelo, penitencia y sangrientas disciplinas, simbolizando la preparación para el fin del mundo); y después de la gran oscuridad, llegaba la explosión de la luz: infinidad de antorchas encendidas en el fuego nuevo de la pira del sacrificio, partían en dirección a todas las ciudades y poblados. Es de notar el singular paralelo con la celebración judeocristiana de los jubileos cada 49 años (7 x 7), siendo el quincuagésimo, el año jubilar.

LA PIEDRA DEL SOL

La Piedra del Sol fue descubierta el 17 de diciembre de 1790 en el costado sur de la Plaza Mayor de la ciudad de México, en un área cercana a la acequia que corría por el costado meridional del Palacio Nacional. Este monumento está maravillosamente labrado en bajorrelieve en un monolito basáltico, tiene un diámetro de 3.60 metros y pesa 25 toneladas. Tras su descubrimiento, la Piedra del Sol se colocó en el muro del costado poniente de una de las torres de la Catedral Metropolitana. En ese lugar la escultura se deterioró no sólo por estar al aire libre, sino sobre todo porque, según los cronistas de la época, la gente lanzaba inmundicias y fruta podrida al relieve calendárico. Incluso los soldados que ocuparon la ciudad de México mataban el tiempo "tirando al blanco" al rostro de la deidad.

En 1885 los militares del gobierno porfiriano desprendieron el monolito del muro de la Catedral, para conducirlo al salón principal del Museo Nacional, que estaba ubicado (desde el gobierno de Maximiliano) en uno de los patios del Palacio Nacional, con salida a la calle de Moneda. El

Calendario Azteca se conviritió en la pieza central de la "Galería de Monolitos", que se fundó en 1887. Actualmente, la Piedra del Sol puede visitarse en la sala Mexica del Museo Nacional de Antropología, en la ciudad de México.

Parte central de la Piedra del Sol

El primer estudio sobre la Piedra del Sol lo hizo Antonio León y Gama en 1792. Desde entonces, se han realizado infinidad de investigaciones sobre el monolito. Una de las preguntas más frecuentes sobre esta escultura es si su posición original era horizontal o vertical. Se piensa que la posición de la Piedra del Sol debió ser horizontal y mostraba la imagen del relieve solar como en muchos otros monumentos de forma cilíndrica. También se han hecho varias propuestas sobre el valor numérico de cada uno de los elementos presentes en el relieve, de tal manera que gracias a complicadas operaciones matemáticas, se supone que el monolito representa la suma de observaciones astronómicas y es el resultado de complicados cómputos calendáricos.

El diseño de esta enorme escultura se compone de una imagen central rodeada de cinco círculos concéntricos. En cada una de estas bandas circulares aparecen elementos que conforman el sentido simbólico de connotación calendárica de este relieve.

La deidad que se encuentra al centro de su diseño ha provocado muchas polémicas: hay quienes dicen que se trata del dios Tonatiuh, el dios del Sol; Xiuhtecuhtli, la deidad del centro del Universo, e incluso Huitzilopochtli. Hace unos años se planteó que esta imagen tiene que ver con el inframundo, con la tierra, o que es el Sol nocturno. Recientemente, se dijo que representa una versión peculiar de Tonatihu.

Alrededor de la imagen central de la Piedra del Sol, en el primer círculo, aparece la representación de los soles generadores del mundo: 4 jaguar (*nahui océlotl*), el primer Sol; 4 viento (*nahui ehécatl*), el segundo Sol; 4 lluvia de fuego (*nahui quiáhuitl*) el tercer Sol; 4 agua (*nahui atl*), el cuarto Sol.

A continuación de los soles cosmogónicos, en la siguiente banda circular, se encuentran los 20 signos de los días del calendario indígena: lagarto (*cipactli*), viento (*ehécatl*), casa (*calli*), lagartija (*cuetzpalin*)..., etcétera. En conjunto, estos elementos vinculan el movimiento del Sol con la conformación del ciclo calendárico.

Sobre el círculo anterior se apoyan cuatro rayos solares en forma de ángulo y conforman otra banda circular, que incluye elementos que simbolizan el universo y el calor del Sol que se extiende por todos los rumbos. En la siguiente banda circular se aprecian las puntas de cuatro púas sagradas en medio de sus ocho remates, con un quincunce, tres plumas y un jade cada uno. Complementan el diseño circular hileras de plumas cortas de águila, corrientes de sangre, bandas de *chalchíhuitl* y remates que simbolizan la sangre.

El disco solar está limitado por dos serpientes de fuego o *xiuhcóatl* que abren sus fauces, de las cuales emergen los perfiles de dos deidades contrapuestas, que se ha propuesto que serían Tonatiuh, el dios solar, y *Xiuhtecuhtli*, el dios del fuego, que aquí simbolizarían el cielo nocturno estrellado y el lugar de la tierra-noche, donde se hunde el Sol al ponerse.

Los cuerpos de las serpientes mitológicas se conforman por una secuencia de elementos flamígeros encerrados en cuadros (versión estilizada de las mariposas). En medio del remate de las colas de las serpientes se encuentra la fecha calendárica: 13 caña, que de acuerdo con los principales cronistas fue el año en que nació el quinto Sol, *Ollin Tonatiuh*.

🐾 LA CONQUISTA 🐾

El nacimiento de un nuevo sistema de producción entre las naciones europeas impulsó vigorosamente la producción industrial y, por consiguiente, la necesidad de contar por un lado con zonas abastecedoras de materias primas y por el otro de mercados cada vez más amplios.

En principio, las naciones ubicadas sobre el Mediterráneo fueron las que se beneficiaron de su posición, posteriormente, con el cierre de las rutas comerciales impuesto por los turcos otomanos, la importancia de los países mediterráneos decayó, y fueron los pueblos situados en la costa atlántica los que tuvieron la oportunidad de buscar nuevas rutas que pudieran conectarlos con Oriente. De esta manera, países como Portugal, España, Francia, Holanda e Inglaterra, aprovechando su estratégica posición geográfica, intentaron llegar a la India, siguiendo diversas rutas; unos, como los portugueses navegando hacia el sur; otros, como España, viajando hacia el occidente, y otros más dirigiendo sus expediciones por los mares del norte. Todo esto sin imaginar que grandes civilizaciones florecían del otro lado del océano.

Los aztecas habían alcanzado a principios del siglo XVI su máximo desarrollo y esplendor. Obviamente parte de su grandeza se debía a la herencia de anteriores culturas como la tolteca y la teotihuacana.

La nación azteca, con su gran capital, Tenochtitlan, en la que había templos y palacios extraordinarios, con esculturas y pinturas murales, con sus centros de educación, y con una conciencia histórica preservada en sus códices o libros de pinturas, era un estado poderoso que dominaba vastas regiones: desde el Golfo de México hasta el Pacífico, extendiéndose hacia el sur, hasta llegar prácticamente a la frontera de la actual Guatemala. Su gloria y su fama eran bien conocidas en los cuatro rumbos del universo indígena. Precisamente, por su poderío y su riqueza iban a tener noticia de ella los conquistadores españoles, establecidos ya en la isla de Cuba.

Extensión del Imperio Azteca

Así, mientras los aztecas seguían ampliando sus dominios, a una distancia relativamente cercana había hombres blancos, venidos de mas allá del inmenso Océano Atlántico, dispuestos a conquistarlos.

PRESAGIOS Y PROFECÍAS

La llegada de los españoles a América fue anticipada por presagios y profecías.

Los presagios aztecas anunciaban que el retorno del dios Quetzalcóatl se produciría al final del reinado de Moctezuma y lo haría bajo la forma de un hombre blanco.

Antes de su llegada —afirmaban— ocurrirían una serie de fenómenos naturales y catástrofes. Los testimonios así lo enunciaban:

"De aquí a muy pocos años nuestras ciudades serán destruidas y asoladas, nosotros y nuestros hijos muertos..."

Y prevenían al emperador:

"perderéis todas las guerras que comiences y otros hombres con las armas se harán dueños de estas tierras..."

Las profecías comenzaron a cumplirse a los tres años de haber ascendido Moctezuma II al trono. En 1510 tuvo lugar un eclipse de Sol y la aparición de un cometa. Por caprichos del destino, al poco tiempo Hernán Cortés desembarcó en las costas de México... aunque no pasaría mucho tiempo para que los indígenas tomaran conciencia de que Cortés no era precisamente el dios que aguardaban.

PRIMERAS EXPEDICIONES

La primera expedición se realizó en 1517, Francisco Hernández de Córdoba, con un grupo de españoles, salió de Cuba y arribó a Champotón, en las costas del actual estado de Campeche, descubrió y exploró Isla Mujeres y el Cabo Catoche, en la península de Yucatán.

En 1518, Diego Velázquez, gobernador de Cuba, envió una segunda expedición, al mando de Juan de Grijalva, quien descubrió y exploró el río que actualmente lleva su nombre. Los expedicionarios bordearon la costa y pasaron por los ríos Tonalá y Coatzacoalcos. Al llegar al río Papaloapan, Pedro de Alvarado, uno de los capitanes, navegó por sus aguas y volvió admirado de lo que había visto. La expedición siguió hasta el río Jamapa, junto al poblado de Boca del Río. Allí los esperaban unos emisarios del *huey tlatoani* azteca Moctezuma II, quien creía que los españoles eran enviados del dios Quetzalcóatl y venían a ocupar el gobierno de México. La expedición continuó hacia al norte; pasó por la isla de Sacrificios, denominada por los indígenas Chalchihuitlapazco, hasta desembarcar en un islote al que llamaron San Juan de Úlua. Pedro de Alvarado regresó a Cuba con regalos para el rey de España y Juan de Grijalva siguió explorando la costa de Veracruz. Llegó a Nautla, Tuxpan, la laguna de Tamiahua y el río Pánuco, en donde puso fin a su viaje y retornó a Cuba.

En 1518, Diego Velázquez envió a Hernán Cortés; pero al saber de su posible rebeldía, Velázquez le retiró su aprobación. Aún así Cortés salió en 1519, con la expedición que realizaría la conquista de lo que más tarde se llamaría la Nueva España.

LA RUTA DE CORTÉS

El 18 de febrero de 1519 Hernán Cortés salió de la isla de Cuba, al frente de una armada integrada por once naves. Llevaba consigo poco más de 600 hombres, 16 caballos, 32 ballestas, 10 cañones de bronce y algunas otras piezas de artillería de corto calibre. Viajaron con él varios hombres que llegarían a ser famosos durante la conquista del Nuevo Mundo. Entre ellos estaba Pedro de Alvarado, a quien los aztecas habrían de apodar Tonatiuh, "el Sol", por su gran presencia y lo rubio de su cabellera.

Pedro de Alvarado fue el único de los grandes capitanes españoles que participó también en la conquista de Guatemala y más tarde en la de Perú. Con Hernán Cortés vienieron asimismo Francisco de Montejo, futuro conquistador de Yucatán, Bernal Díaz del Castillo y otros varios más que consignaron por escrito la historia de esta serie de expediciones.

Hernán Cortés y sus hombres llegaron a la isla de Cozumel; de allí fueron a las costas de Yucatán. Encontraron a Jerónimo de Aguilar, un soldado español que, junto con un reducido grupo de marineros españoles, habían naufragado en 1511. Cortés recogió a Jerónimo de Aguilar, quien hablaba la lengua maya con fluidez. Más adelante, frente a la desembocadura del río Grijalva, pelearon con los indígenas de la región. Cortés los venció y luego recibió regalos, entre ellos, veinte esclavas indígenas, una de las cuales, la célebre Malinche, desempeñaría un papel importante en la Conquista. La Malinche hablaba la lengua maya y la azteca o náhuatl, gracias a esto Jerónimo de Aguilar, sirviéndose del maya, traduciría los mensajes a la Malinche, y así ella se dirigiría directamente en lengua azteca a los enviados y emisarios de Moctezuma.

Fundación de Veracruz

El 22 de abril de 1519 (viernes santo), los conquistadores arribaron al Puerto de San Juan de Ulúa. De ahí los españoles se dirigieron hacia la costa de la actual ciudad de Veracruz. Acamparon en la playa, en un sitio cercano a lo que hoy es el puerto, en los arenales de Chalchicueyecan. En ese lugar Cortés recibió la primera embajada de Moctezuma Xocoyotzin, gobernante del señorío de Tenochtitlan.

Cortés fundó la Villa Rica de la Vera Cruz. La llamó así porque llegaron el Jueves Santo y desembarcaron el Viernes Santo de la Cruz, y rica por aquel caballero que se presentó a Cortés y le dijo que mirase las tierras ricas y que supiese bien gobernar.

Una vez fundada la Villa Rica de la Vera Cruz, Cortés nombró el ayuntamiento, primer órgano político-administrativo. Él mismo se nombró capitán general y justicia mayor; allí escribió la primera de cinco cartas, que mandó al rey español para justificar su proceder.

Pasaron por las regiones de Rinconada, Coatepec, Xalapa y Xico. Cortés al avanzar hacia el interior, se da cuenta de las fuertes rivalidades existentes entre los indígenas. Al llegar a Tlaxcala derrota a Xicotencatl y establece una alianza con los tlaxcaltecas.

EL ENCUENTRO DE DOS MUNDOS

Tanto los cronistas españoles como los indígenas refieren puntualmente los varios acontecimientos que tuvieron lugar. Los textos en idioma azteca hablan de los mensajes enviados por Moctezuma, de los presentes de oro y plata. Hernán Cortés, en sus *Cartas de relación* a Carlos V, Bernal Díaz en su *Historia verdadera de la conquista*, así como el resto de los cronistas españoles, refieren sus primeros contactos con la gente de Cempoala en las costas del Golfo, su puesta en marcha hacia la altiplanicie, su alianza con los tlaxcaltecas (un pueblo enemigo natural de los aztecas), su paso por el poblado aliado azteca de Cholula, donde se perpetró la matanza de la gente de ese lugar, así como la destrucción de sus templos.

Un poco después de seis meses, al cruzar por Calpan y detenerse en Tlamacas, con los volcanes a los lados, los españoles contemplaron atónitos por primera vez la metrópoli de México-Tenochtitlan, la gran ciudad construida por los aztecas en medio de los lagos del valle de México.

El ejército español descendió hasta llegar a Amecameca y Tlalmananco; en ambas poblaciones Cortés recibió numerosas joyas de oro y otros objetos valiosos. Finalmente, el 8 de noviembre de 1519, los conquistadores llegaron a la ciudad de México-Tenochtitlan y se entrevistaron con Moctezuma quien los recibió como huéspedes. Cortés hizo que le mostraran los libros de tributos y los mapas de la tierra. No obstante, la estancia de los hombres de Castilla como huéspedes en la capital azteca tuvo un final violento. Llegó a México un mensajero del resguardo de Cortés en Veracruz, para avisarle de una expedición capitaneada por Pánfilo de Narváez con órdenes del gobernador de Cuba, Diego de Velázquez, de aprehenderlo y llevarlo ante él.

Representación del encuentro entre
Moctezuma y Hernán Cortés

De inmeditato Cortés hizo prisionero a Moctezuma, dejó a Pedro de Alvarado a cargo de la ciudad, y salió a combatir a Narváez, a quien derrotó. Alvarado permite una celebración religiosa (la fiesta de Tóxcatl), pero intenta despojar a los indígenas de sus joyas ceremoniales, lo que desencadena la matanza del templo mayor, y provoca el levantamiento de los mexicas en Tenochtitlan.

La Noche Triste

Cuando Hernán Cortés regresó, tras vencer a Narváez, tuvo que hacer frente a la indignación de los aztecas. Los mexicas mantuvieron sitiados a los españoles que se habían atrincherado en el palacio de Moctezuma. Cortés intentó apaciguar la rebelión utilizando a Moctezuma pero los aztecas se sintieron traicionados por su emperador y esto culminó con el asesinato de Moctezuma.

Como los españoles fueron superados por los mexicas, Cortés decidió entonces escapar de la ciudad, huyendo por medio de puentes portátiles, y en el trayecto perdió más de la mitad de sus hombres, así como todos los tesoros de que se había apoderado. A esta derrota sufrida por los conquistadores al salir de la ciudad rumbo al poniente, por la calzada de Tacuba, se le conoce con el nombre de "la noche triste" del 30 de junio de 1520. Se dice que Hernán Cortés se detuvo en medio de la huida a llorar debajo de un árbol y que Pedro de Alvarado cayó en una zanja rompiéndose una pierna.

Cortés se refugió en Tlaxcala, durante el camino fue atacado por grupos indígenas que logró derrotar en Otumba. Los aztecas se dedicaron a reconstruir la ciudad, sin pensar que los españoles regresarían.

La caída de la gran Tenochtitlan

Un año después, el 30 de mayo de 1521, los españoles dieron inicio al asedio formal a México-Tenochtitlan. Para esto contó Hernán Cortés con el apoyo de más de 80 000 guerreros tlaxcaltecas y reforzó sus propias tropas españolas con la llegada de otros expedicionarios a Veracruz.

Las crónicas indígenas hablan de la forma en que los españoles comenzaron a atacar a la ciudad. Refieren las diversas incursiones de esos hombres que en un principio habían sido considerados como dioses, pero que al final de todo se les terminó llamando *popolcas*, palabra con la que designaron los aztecas a los pueblos que tuvieron por "bárbaros".

Los aztecas se vieron afectados por una brote de peste de viruela en la ciudad, enfermedad que desconocían y que fue traída por un negro de la expedición de Narváez. Murió por la peste el emperador Cuitlahuac, sucesor de Moctezuma II. La epidemia diezmó a la población y los españoles volvieron sobre la ciudad, Cortés cortó los abastecimientos y estableció alianzas entre los pueblos contra los mexicas.

Al mismo tiempo que avanza el cerco de Cortés, se sucedieron riñas internas entre la clase dominante y fueron asesinados todos los príncipes y los hijos de Moctezuma. Cortés, fuertemente apertrechado arrasó la ciudad.

Los aztecas estaban desmoralizados preguntándose "¿dónde están nuestros príncipes?", "¿quién es el que nos inspirará valor?" Los tenochcas que aún quedaban hacían base en Tlatelolco y se enfrentan a los españoles, haciendo cautivos a algunos de ellos y a varios indígenas aliados de los mismos y los sacrificaban frente al ejército de Cortés.

En las crónicas se recuerda también la elección de Cuauhtémoc, escogido como gobernante supremo, sucesor, del príncipe Cuitláhuac. Los hechos de armas se sucedieron unos tras otros y no puede negarse que hubo actos de heroísmo por ambas partes. Una vez más, los escritos indígenas adquirieron la elocuencia de un maravilloso poema épico.

El hambre azotó la ciudad, mientras que los españoles y sus aliados formaron un numeroso ejército. Murió, Tlatelolcatl, uno de los últimos jefes aztecas, y la rebelión comenzó a extinguirse. Así, después de casi 80 días de sitio, el 13 de agosto de 1521, cayó la orgullosa ciudad de Tenochtitlan y fue hecho prisionero el joven Cuauhtémoc (quien más tarde sería torturado y muerto durante una expedición de Cortés a la actual región de Chiapas). Se dice que el agua del lago de Texcoco estaba totalmente pintada de rojo. La ciudad quedó devastada.

LA NUEVA ESPAÑA

Cortés colocó su ejercito en Coyoacán, una región cercana a Tenochtitlan. Todos los plumajes, oro, y regalos se remitieron como regalos a cónsules, reyes, emperadores y procuradores en Europa. Más tarde, Cristóbal de Tapia llegó de Cuba por órdenes del gobernador Velázquez y del rey a ponerse al frente del nuevo territorio conquistado. Cortés lo obligó a regresar.

Los españoles derribaron la mayoría de los templos y, generalmente, sobre ellos se construyeron iglesias o más tarde, monasterios.

El 15 de octubre de 1522, Hernán Cortés por fin fue nombrado gobernador, Capitán General y Justicia Mayor de la nueva colonia española.

Pedro de Alvarado se dirigió a conquistar cruelmente Guatemala y El Salvador. Cristóbal de Olid se rebeló entonces a Cortés, pero fue rápidamente asesinado. El 13 de agosto de 1523 llegaron tres religiosos a México, para dar inicio a lo que sería la "conquista espiritual". Los tres religiosos eran: Fray Juan de Tecto, Fray Juan de Aora y Fray Pedro de Gante.

Se comenzó a explotar la tierra, se cultivó la caña de azúcar, trigo y árboles frutales europeos. El nuevo territorio fue llamado Nueva España. Iniciaba el periodo colonial, el cual terminaría hasta 1821 con la consumación de la Independencia.

APUNTES FINALES SOBRE LA CONQUIS3TA

¿La superioridad de las armas de los conquistadores?

Se dice que los españoles que realizaron la conquista, pudieron consumar la empresa gracias a que traían las armas de fuego que se usaban en Europa; arcabuses, falconetas, y culebrinas; se protegían con armadura de metal y se valían del caballo para el combate. Todos esos recursos resultaban superiores a los que se empleaban en México. Por esta razón se ha generalizado la idea de que la conquista de México, en particular la caída de Tenochtitlan, obedeció a una serie de circunstancias como la decisión y audacia de Hernán Cortés, la superioridad de los armamentos de los europeos y la mejor táctica en la conducción de las operaciones militares; sólo que todo ello resulta secundario si revisamos cuidadosamente los verdaderos factores que hicieron posible que un puñado de extranjeros, en condiciones adversas, realizaran el milagro de someter por la fuerza de las armas al más numeroso y mejor organizado de los pueblos indígenas de México.

Factores que facilitaron la conquista

En principio debemos señalar que el éxito alcanzado por los españoles obedeció seguramente a la crítica situación política por la que atravesaban los pueblos del valle de México, sometidos a una severa tributación y con una manifiesta inconformidad, que hizo posible que muchos grupos indígenas, como los tlaxcaltecas, se sumaran a los españoles para combatir al Imperio Azteca.

Lo anterior explica la participación de Ixtlilxóchitl, un jefe indígena que se alió a los españoles y que fue quien verdaderamente dirigió el sitio de Tenochtitlan. Resulta inexplicable que una gran ciudad, con las complicadas condiciones de su disposición lacustre, hubiera podido ser férreamente cercada por 600 o 700 europeos, a no ser por la colaboración de numerosos ejércitos del jefe indígena Ixtlilxóchitl que, por tales razones, debería ser considerado el verdadero conquistador de la gran capital mexica, aunque sólo lo haya hecho para entregársela a los españoles.

Una consideración final que parece justa, en relación con la liquidación del mundo indígena en el año de 1521, y que nos permite dejar en entredicho la idea de la superioridad técnica y del armamento de los extranjeros, es que en realidad los ejércitos aztecas nunca fueron vencidos. La caída de su ciudad obedeció a la impotencia para continuar la lucha, ocasionada por el hambre, la sed y la viruela, generadas por el severo y prolongado sitio a que estuvieron sujetos.

Bien dice un monumento en la plaza de Tlatelolco:

"En la conquista no hubo ni vencedores ni vencidos, fue únicamente el doloroso nacimiento de la nueva nación mestiza que ahora es México".

ÍNDICE GENERAL

TÍTULOS DE ESTA COLECCIÓN

Impreso en los talleres de
Trabajos Manuales Escolares,
Oriente 142 No. 216
Col. Moctezuma 2a. Secc.
Tels. 5 784.18.11 y 5 784.11.44
México, D.F.